人間国宝　三代

田畑喜八の草花図

五代　田畑喜八　編

Flora Sketches by TABATA Kihachi III

The Collection of TABATA Kihachi V

Flora Sketches by TABATA Kihachi III

The Collection of TABATA Kihachi V

First Edition May 2014
By Mitsumura Suiko Shoin Co., Ltd.
217-2 Hashiura-cho Horikawa Sanjo
Nakagyo-ku, Kyoto 604-8257 Japan

Author: TABATA Kihachi V
Publisher: Mitsumura Suiko Shoin Publishing Co., Ltd.
Printer: New Color Photographic Printing Co., Ltd.

Design: TSUJI Eriko (New Color Photographic Printing Co., Ltd.)
Program Director: YAMAMOTO Takahiro (New Color Photographic Printing Co., Ltd.)
Director: GODA Yusaku (Mitsumura Suiko Shoin Co., Ltd.)

序

小野竹喬

三代田畑喜八氏の　友禅染の手描きの基本となる草花下絵図譜が刊行されることとなった

原画はすべて毛筆による写生で　着色も生彩を帯びて　渋いけれどもいきいきとしている　その堅実なる筆技には驚くべきものがある　おそらく師である幸野楳嶺先生　竹内栖鳳先生より受けられた四條派の伝統技法が　よき意味に生かされているのである

時代の推移ではあるが　日本画として毛筆による本格的な写生というのは　今日では洵に稀有のことであって　概ね鉛筆という便宜なものに置き替えられた現状の上では　却って新鮮なものを感じるのである

田畑家は文政八年創業　代々手描き友禅染を業としておられたが　三代喜八氏によって大きく開花させられた　昭和三十年四月四日友禅染としての　初めての重要無形文化財（人間国宝）に指定せられたのである

この貴重な草花下絵図譜は　必ずや多くの人々に寄與することを信じている

（文責　小野常正）

田畑喜八

文政年間の創業以来、手描友禅の染匠の名家として約二〇〇年の歴史を誇る田畑家。初代から主に京都御所(公家関係)、二条城(武家関係)を中心とした上流階級の奥方、令嬢の衣裳を承る誂染師として活躍してきました。五代二〇〇年の歴史の中、特に三代喜八は染織家として初めて人間国宝に認定されました。

目次 *Contents*

凡例

一、田畑家が所蔵する三代田畑喜八の遺した写生帖を収録した。

二、花名・植物名は、現在使われている標準の名を用いた。
不明なものは、写生帖に記してある名前をそのまま用いた。

草花図

胃下向

落椿

おちつばき

Camellia japonica

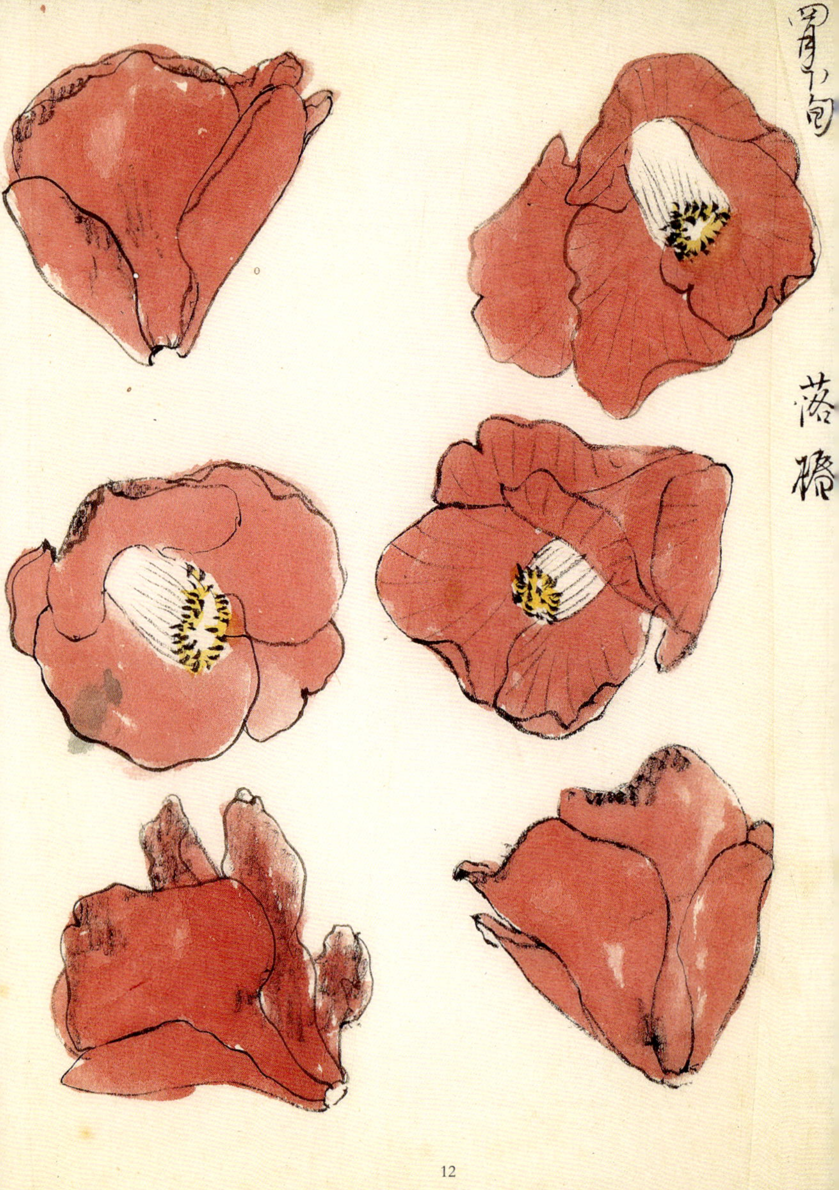
閏月下旬
落椿

落椿

おちつばき

Camellia japonica

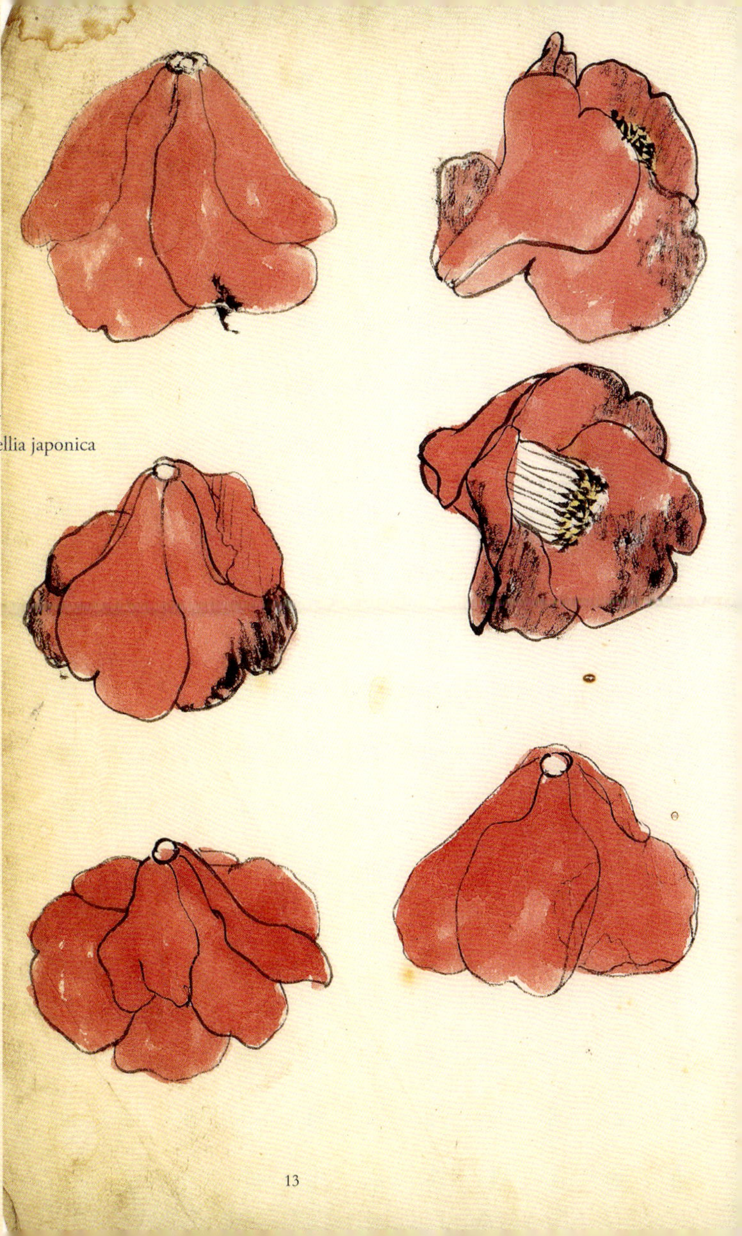

椿

つばき

Camellia japonica

椿

つばき

Camellia japonica

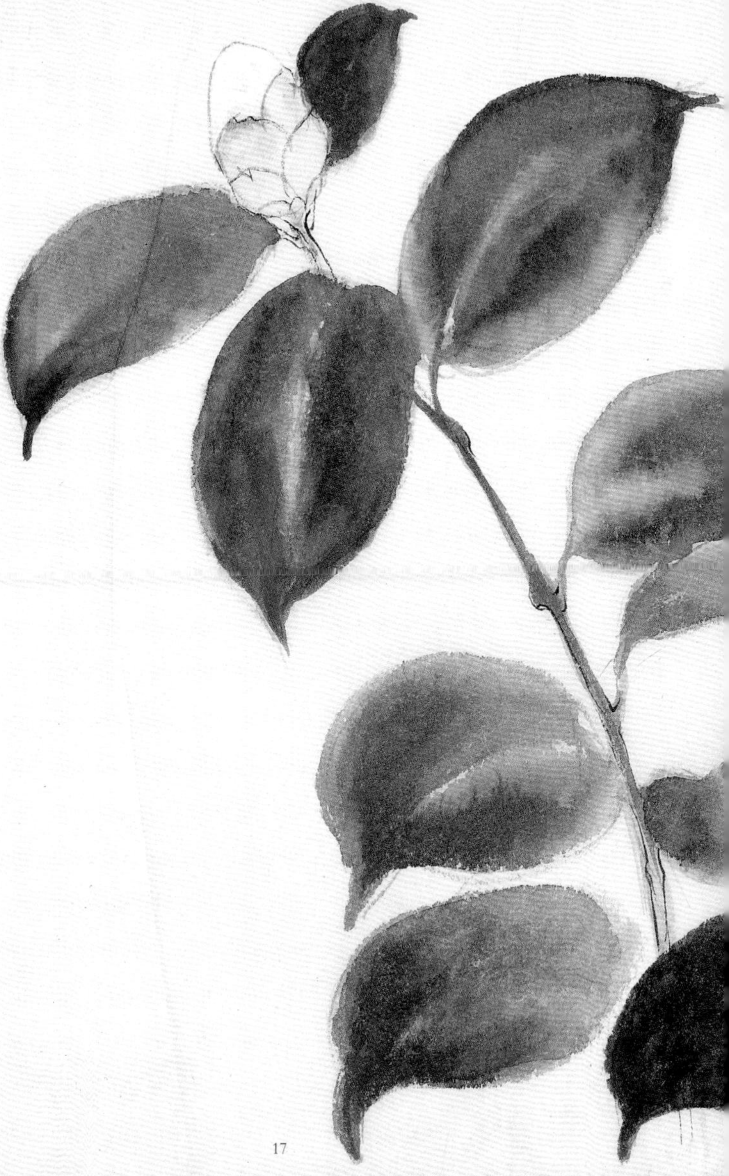

四月上旬

乙女椿

おとめつばき

Camellia japonica

黒椿

くろつばき

Camellia japonica

椿 つばき

Camellia japonica

雪椿 ゆきつばき

Camellia japonica

四月一日光蓋念書に
墓詣ります一行
十数人西吉吉浩で
堰堤石
並びする同る中より
昔時所青樹そこに蘇活る
記の瑞に白椿井の咲花
情思の懐しさよ

四月上旬写

八重椿
やえつばき
Camellia japonica

八重山吹
やえやまぶき
Kerria japonica f. plena

侘助椿

わびすけつばき

Camellia japonica

八重椿

やえつばき

Camellia japonica

椿

つばき

Camellia japonica

椿
つばき

Camellia japonica

蚕豆

そらまめ

Vicia faba

Malus halliana | 海棠 かいどう

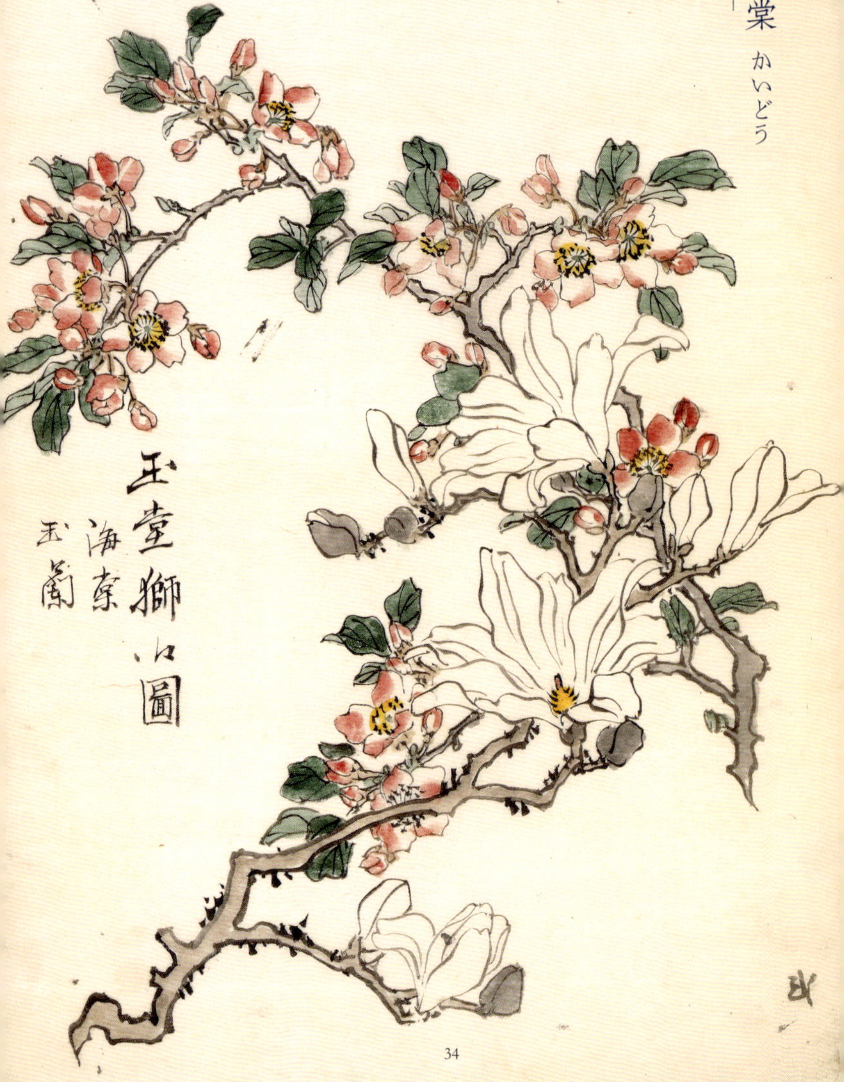

シクラメン

Cyclamen persicum

酸葉 すいば

Rumex acetosa

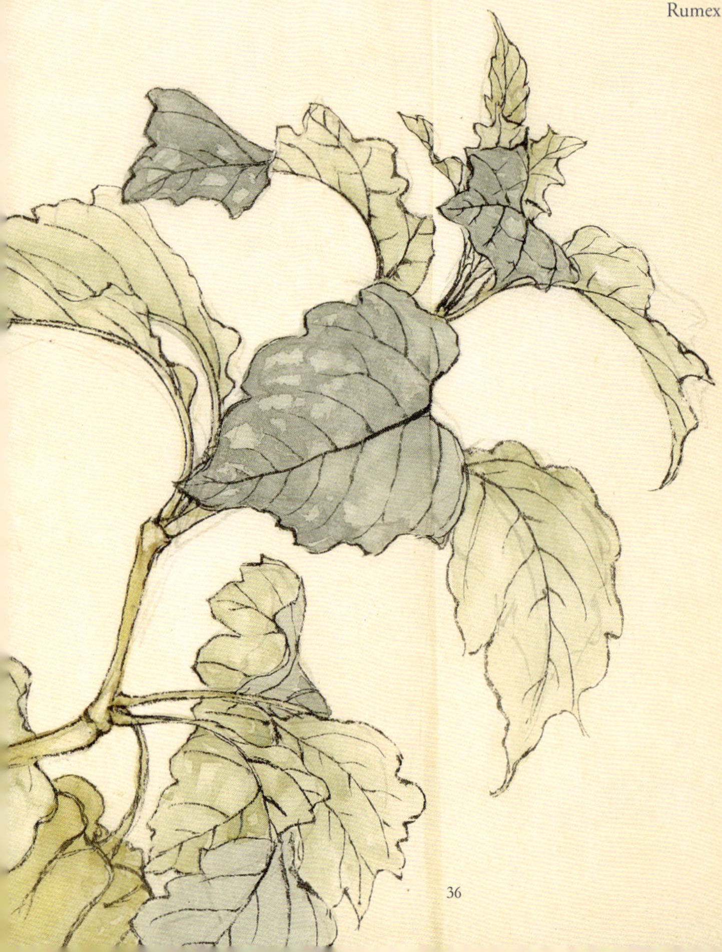

すみれ

Viola mandshurica

翹揺《げんげ》

Astragalus sinicus

蒲公英 たんぽぽ

Taraxacum platycarpum

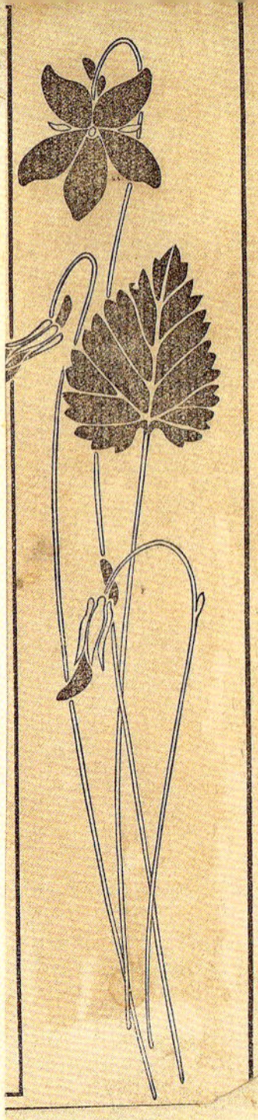

すみれ

Viola mandshurica

蒲公英 たんぽぽ

Taraxacum platycarpum

木瓜
ぼけ

Chaenomeles lagenaria

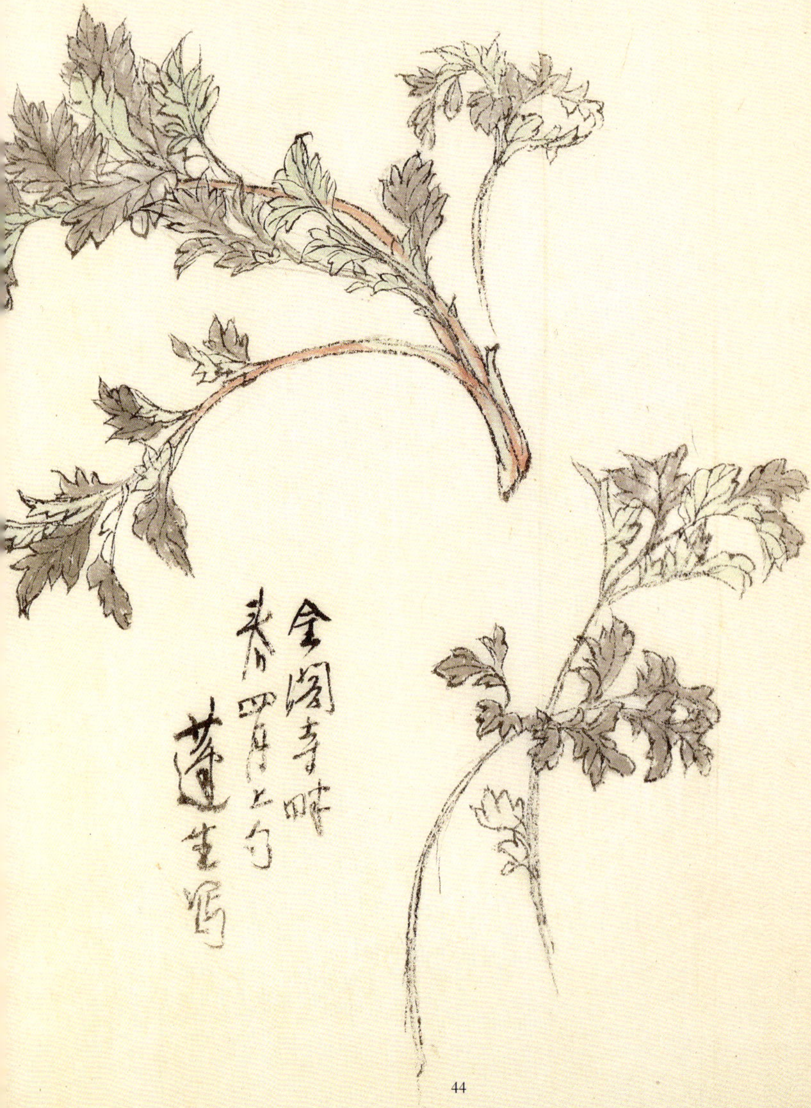
金閣寺畔
蓮生写

よもぎ

Artemisia vulgaris

菠薐草

ほうれんそう

Spinacia oleracea

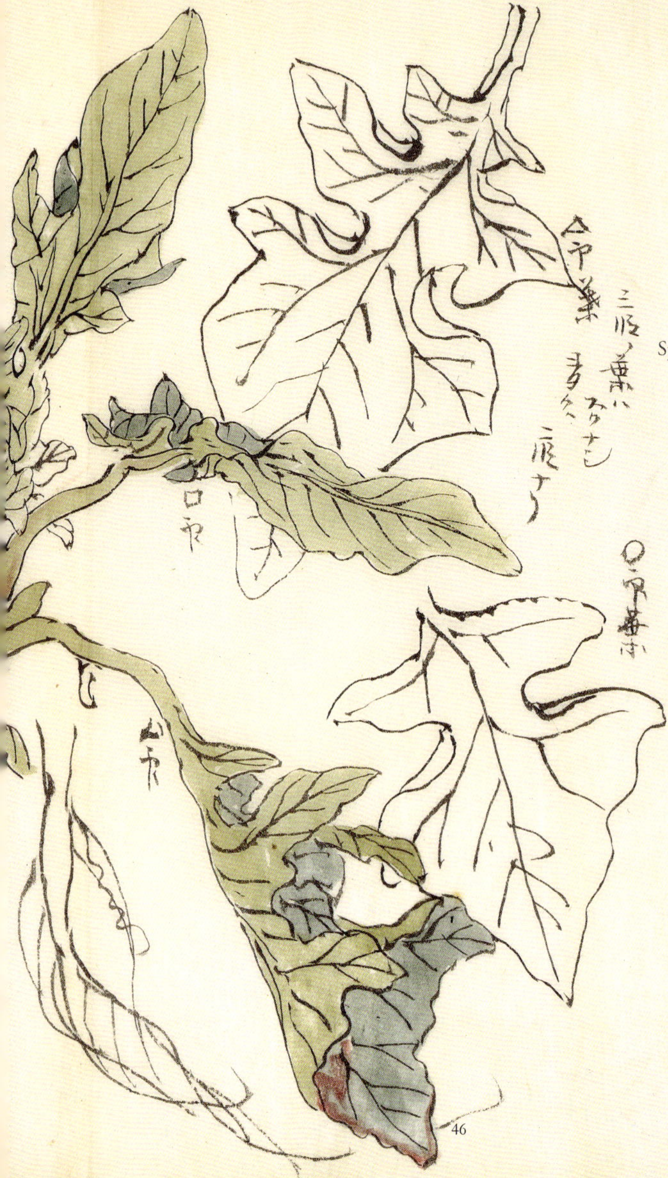

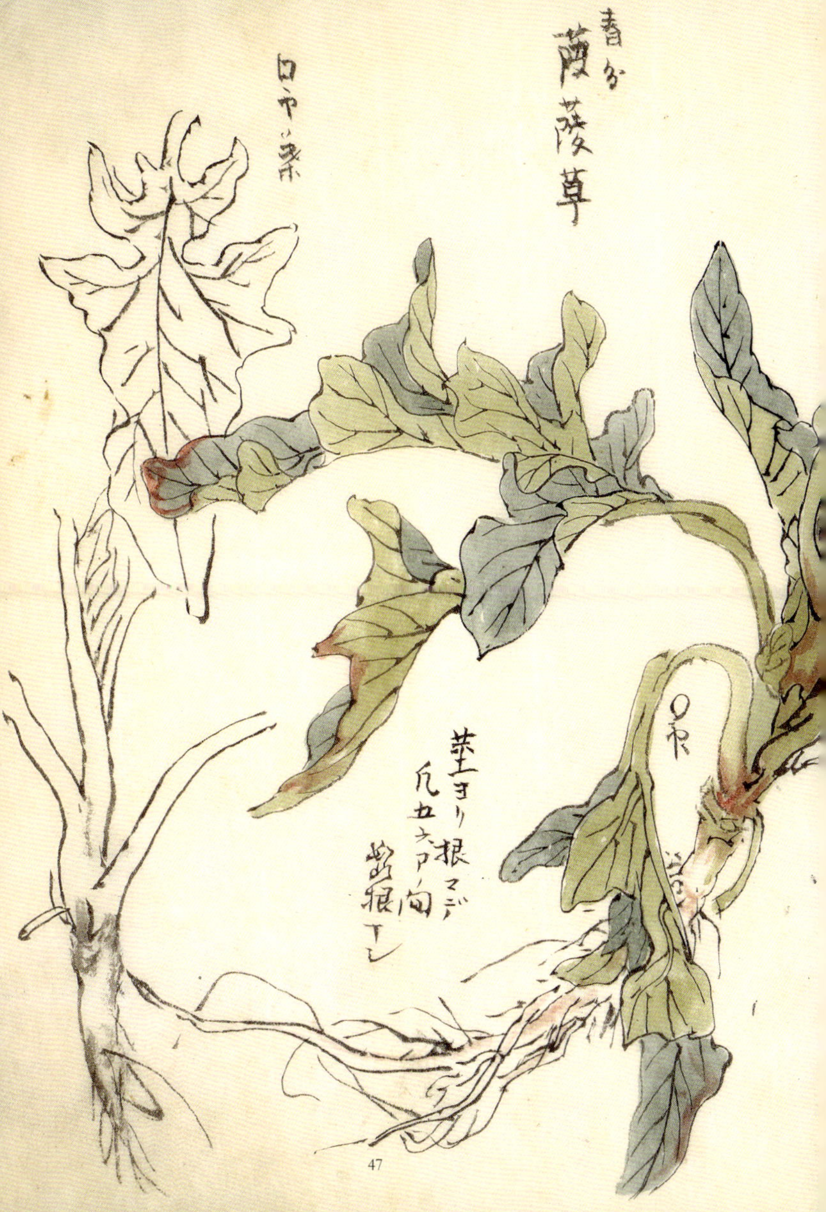
春分
菠薐草
茎ヨリ根マデ
凡五六寸

つつじ

Rhododendron indicum

日光楓

にっこうかえで

Acer

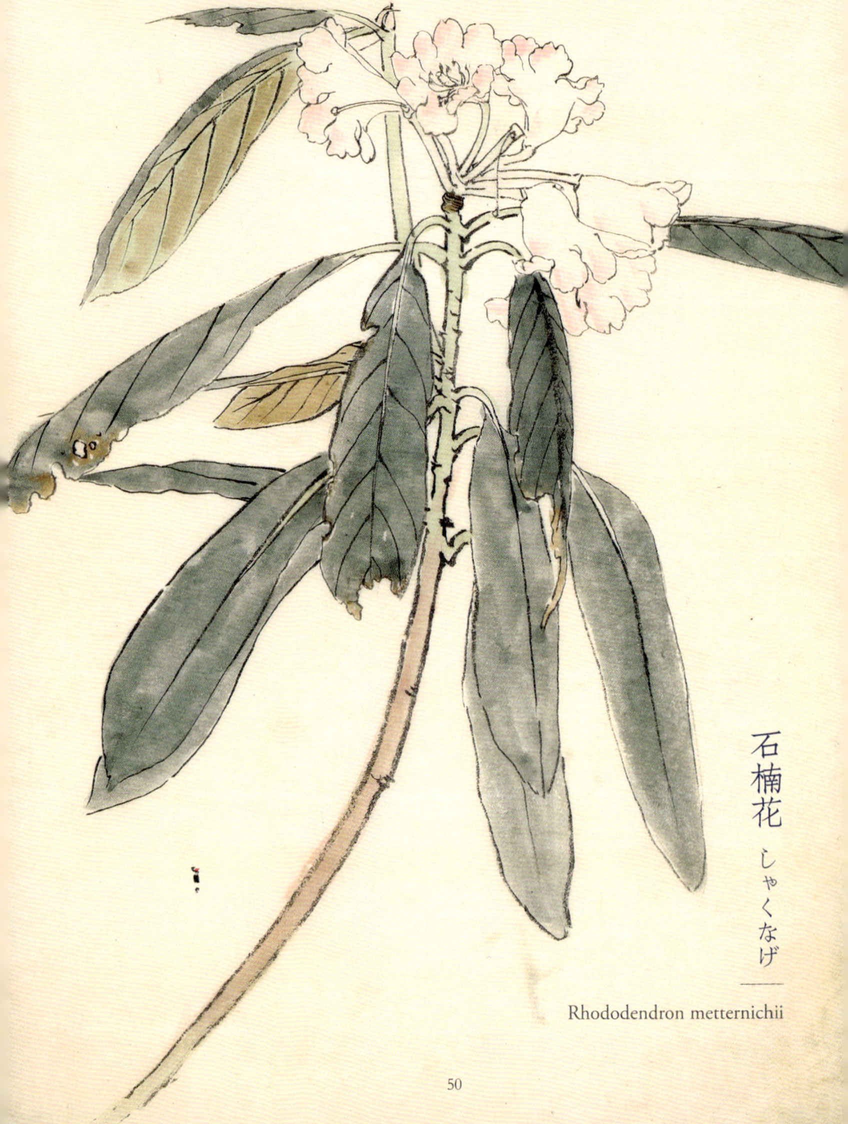

石楠花　しゃくなげ

Rhododendron metternichii

芍薬

しゃくやく

Paeonia albiflora

九

Paeonia albiflora

芍薬

しゃくやく

郵便はがき

料金受取人払郵便

中京局
承認

8157

差出有効期限
平成28年 4月
15日まで有効

604-8790

777

（受取人）

京都市中京区堀川通三条下ル
橋浦町217番地2

光村推古書院

愛読者係 行

ご住所 □□□-□□□□ 都道府県	
ふりがな	
お名前	男・女 年齢 才
お電話（ ） −	
◆ご職業	01:会社員 02:会社役員 03:公務員 04:自営業 05:自由業 06:教師 07:主婦 08:無職 09:その他（ ） 10:学生（a·大学生 b·専門学校生 c·高校生 d·中学生 e·その他）
◆ご購読の新聞	◆ご購読の雑誌

推古洞のご案内

QR コードを携帯電話で読み込んで、表示されたメールアドレスに空メールを送信して下さい。会員登録いただくと当社の新刊情報などを配信します。

愛読者カード

人間国宝　三代
田畑喜八の草花図

●本書をどこでお知りになりましたか（○をつけて下さい）。

01:新聞　02:雑誌　03:書店店頭　04:ＤＭ　05:友人･知人　06:その他（　　　）

＜お買いあげ店名＞（　　　市区 町村　　　）

●ご購入いただいた理由

01: 日本画が好きだから 02: スケッチなどの参考に 03: 表紙に惹かれて

04: プレゼント 05: その他（　　　）

●次の項目について点数を付けて下さい。

☆テーマ　1.悪い　2.少し悪い　3.普通　4.良い　5.とても良い

☆表　紙　1.悪い　2.少し悪い　3.普通　4.良い　5.とても良い

☆価　格　1.高い　2.少し高い　3.普通　4.少し安い　5.安い

☆内　容　1.悪い　2.少し悪い　3.普通　4.良い　5.とても良い

（内容で特に良かったものに○、悪かったものに×をつけて下さい。）

01:写真　02:印刷　03:情報　04:レイアウト　05:その他（　　　）

●本書についてのご感想・ご要望

■注文欄

本のご注文がございましたらこのハガキをご利用下さい。
代引にて発送します。（手数料・送料あわせて200円を申し受けます。）

柴田是真の植物図	編-東京藝術大学大学美術館	本体2,000円+税	冊
上村松園	監修-上村松篁	本体7,000円+税	冊
竹内栖鳳	責任編集-平野重光	本体10,000円+税	冊
			冊

■当社出荷後、利用者の都合による返品および交換はできないものとします。ただし、商品が注文の内容と異なっている場合や、配送中の破損・汚損が発生した場合は、正当な商品に交換します。

芍薬

しゃくやく

Paeonia albiflora

芍薬

しゃくやく

Paeonia albiflora

芍薬 しゃくやく

Paeonia albiflora

芍薬 しゃくやく

Paeonia albiflora

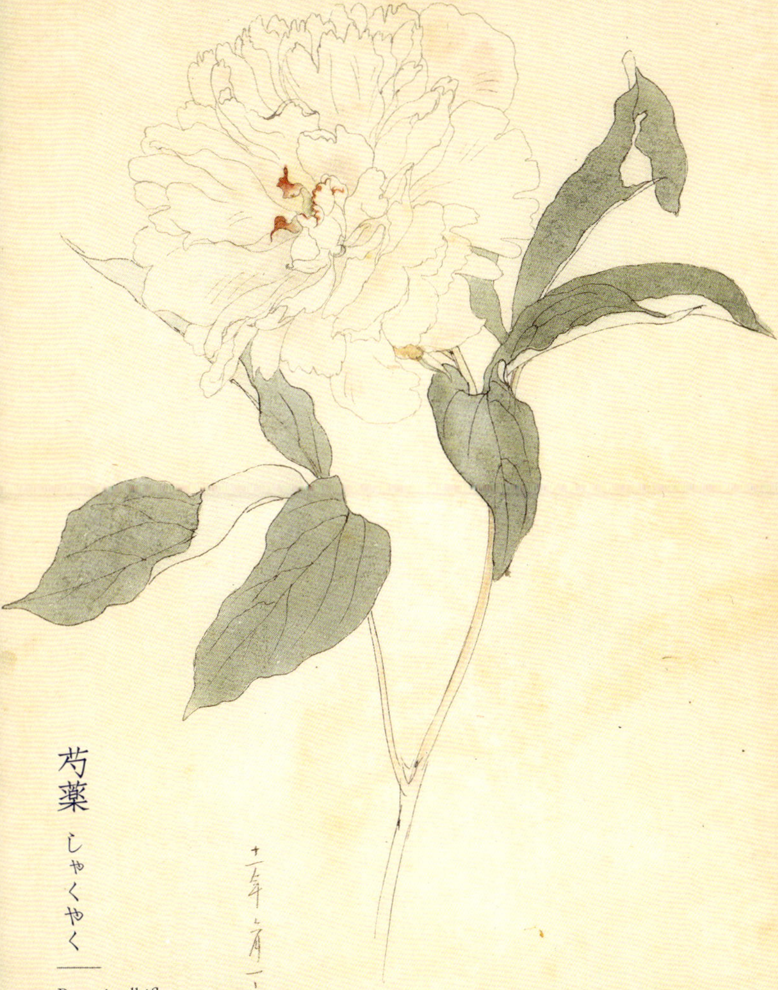

芍薬

しゃくやく

Paeonia albiflora

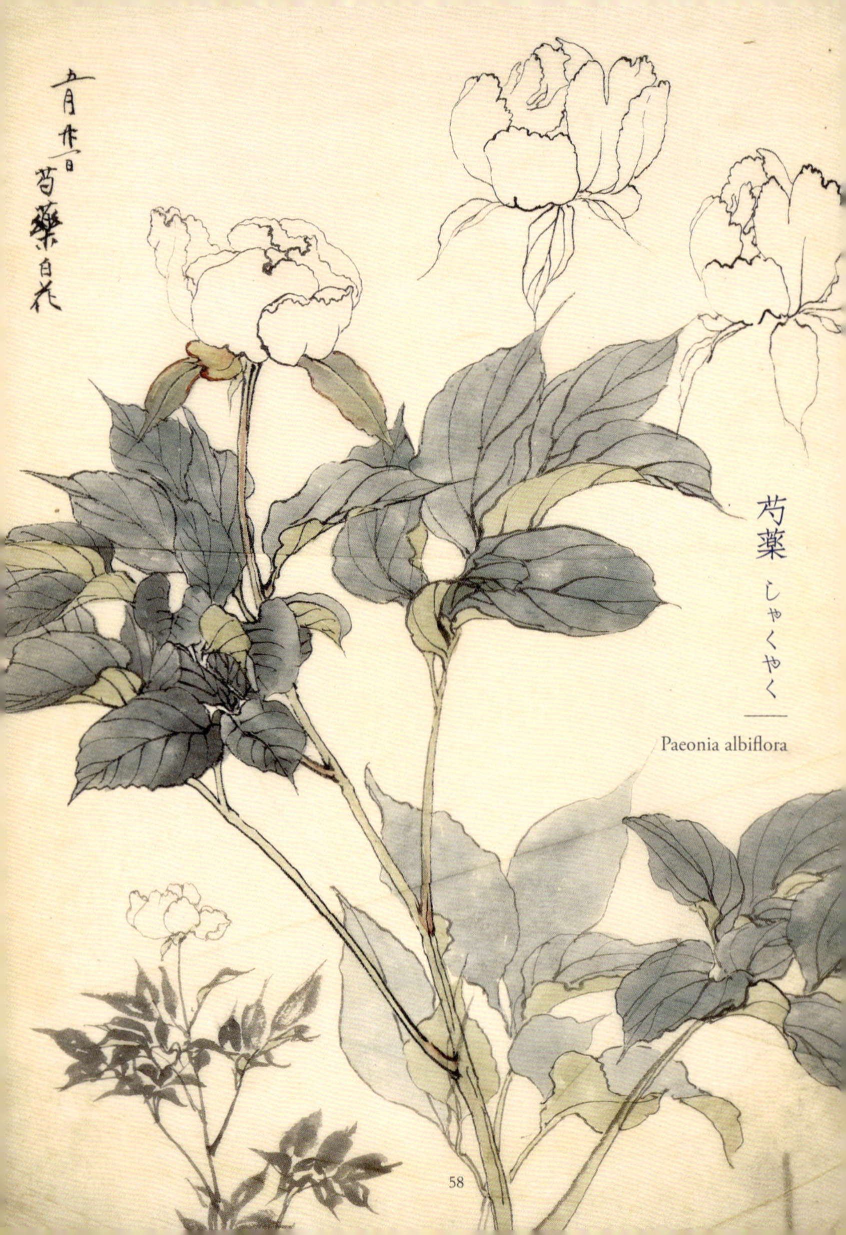

芍薬 しゃくやく

Paeonia albiflora

芍薬 | *Paeonia albiflora*

しゃくやく

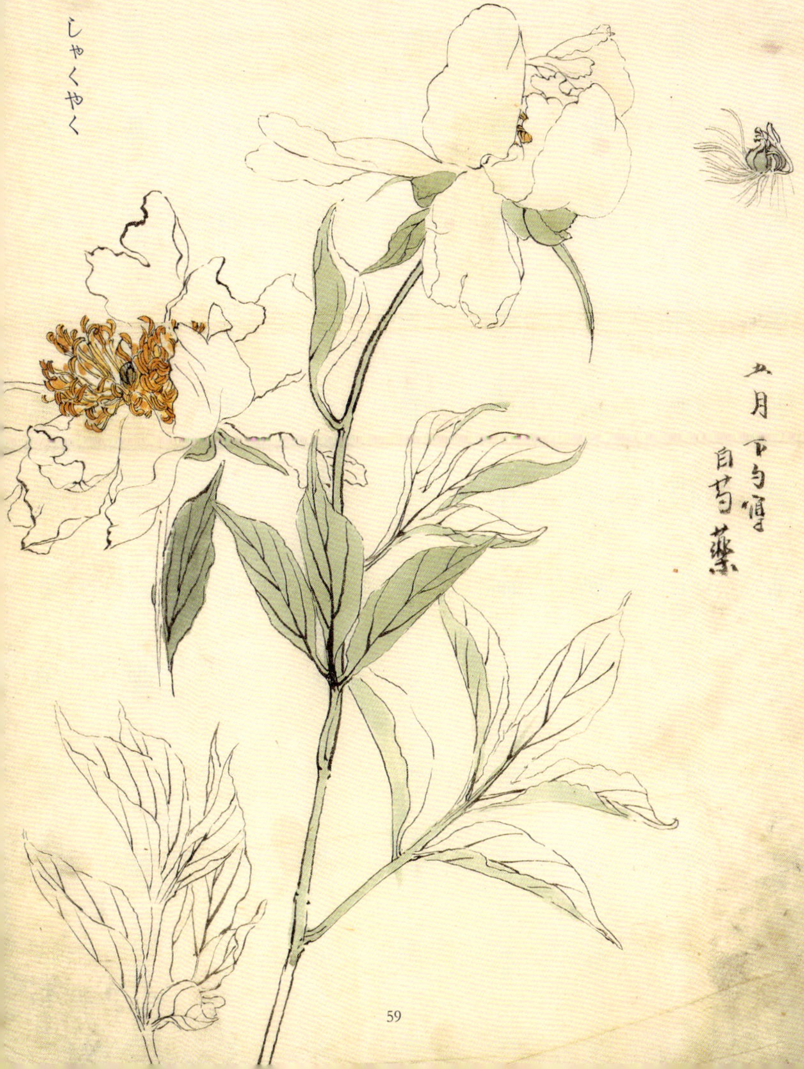

芍薬 しゃくやく

Paeonia albiflora

一山

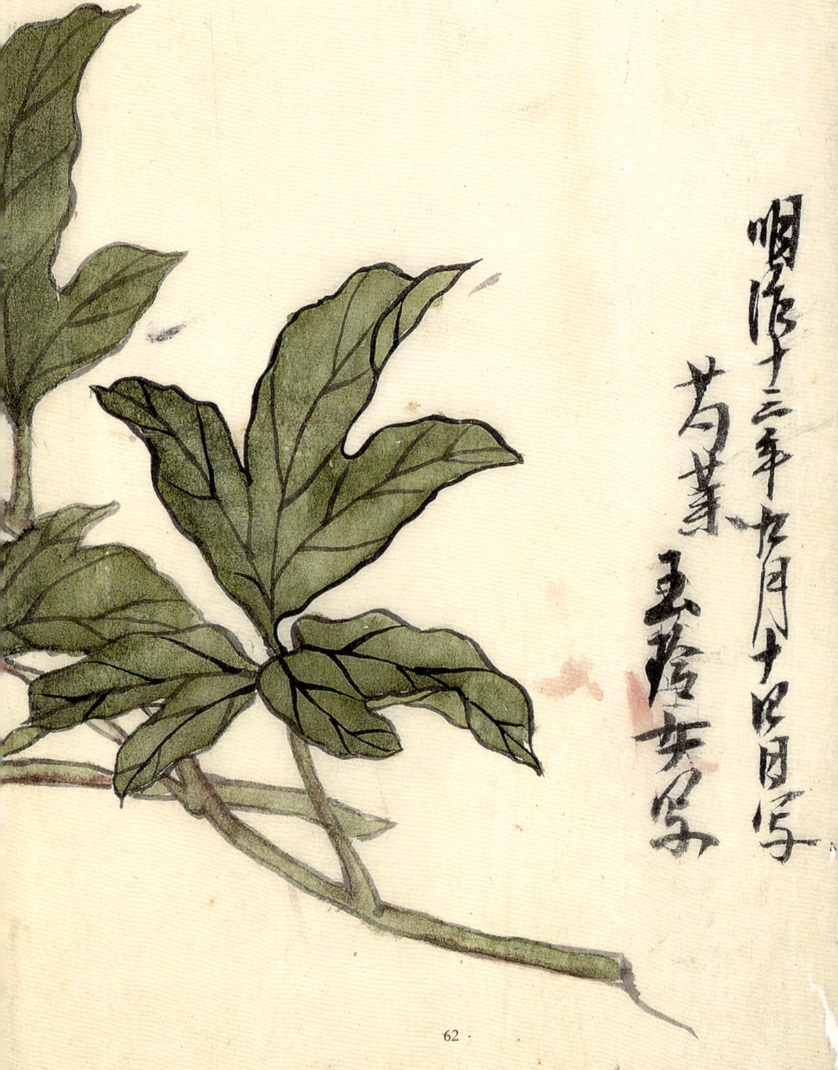
明治十二年九月十四日写
芍薬

芍薬

しゃくやく

Paeonia albiflora

芍薬 しゃくやく

Paeonia albiflora

紫蘭

しらん

Bletilla striata

鉄仙 てっせん

Clematis florida

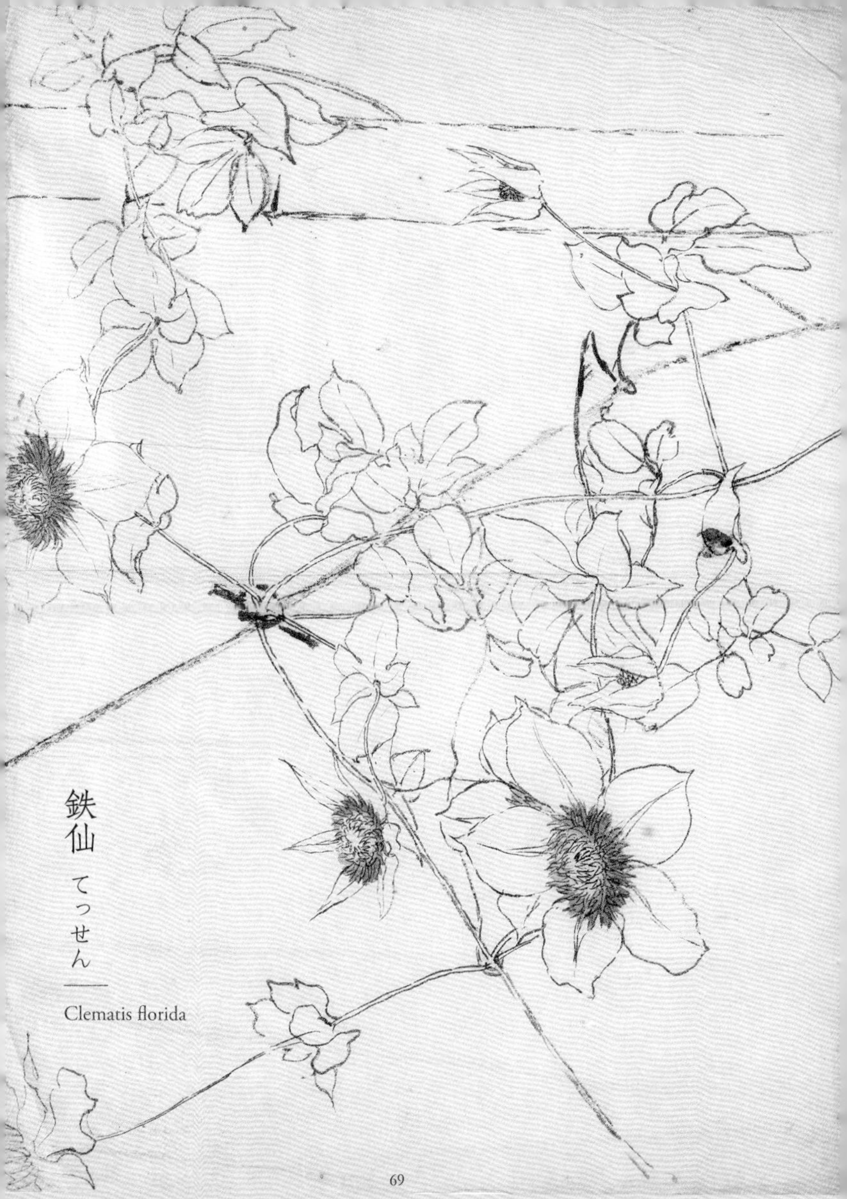

鉄仙

てっせん

Clematis florida

バラ

Rosa hybrida

バラ

Rosa hybrida

バラ

Rosa hybrida

バラ

Rosa hybrida

バラ

Rosa hybrida

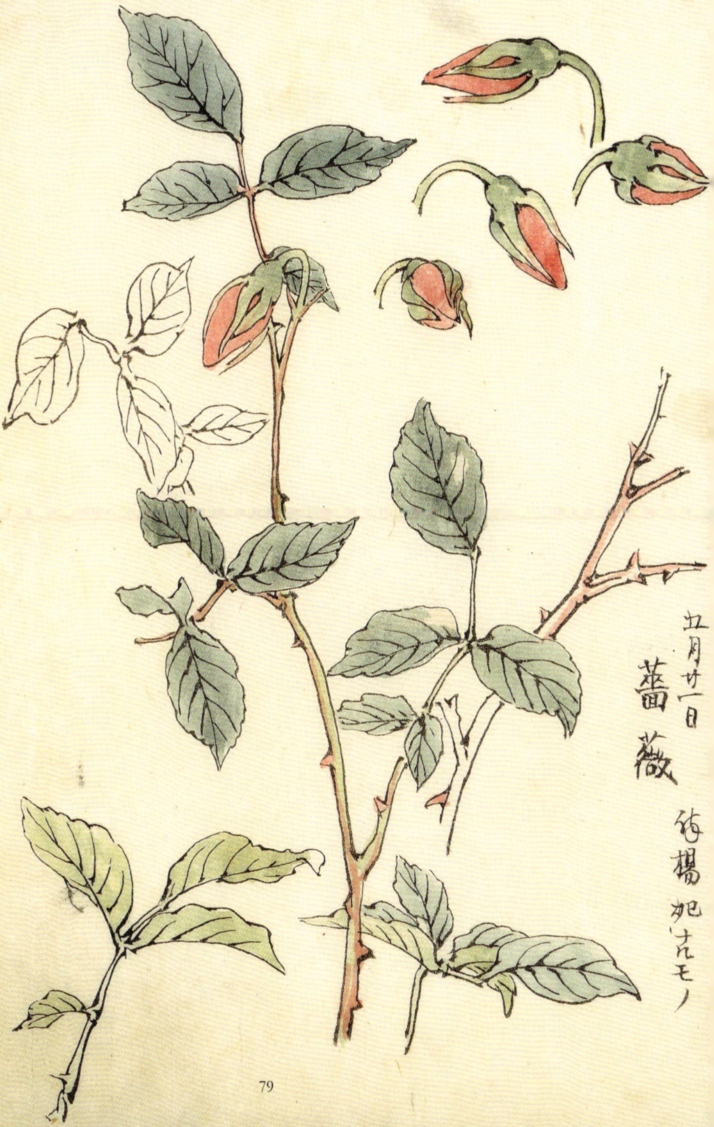
五月廿一日
薔薇
海楊妃ナルモノ

バラ

Rosa hybrida

牡丹

ぼたん

Paeonia suffruticosa

バラ

Rosa hybrida

牡丹 ぼたん

Paeonia suffruticosa

牡丹

ぼたん

Paeonia suffruticosa

牡丹

ぼたん

Paeonia suffruticosa

五月一日

牡丹 ぼたん

Paeonia suffruticosa

九年四月廿九日早朝
於護王社

牡丹
ぼたん

Paeonia suffruticosa

牡丹 ぼたん

Paeonia suffruticosa

ひなげし

Papaver rhoeas

ひなげし

Papaver rhoeas

ひなげし

Papaver rhoeas

山苺

やまいちご

Rubus

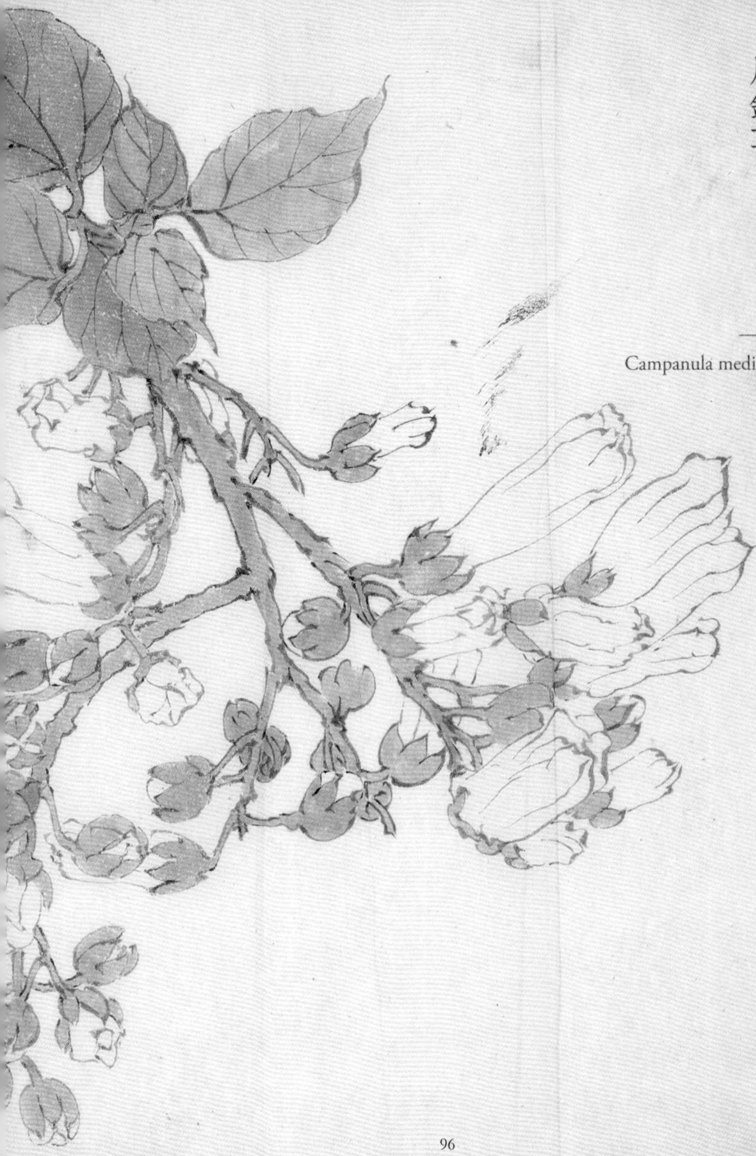

風鈴草 ふうりんそう

Campanula medium

百合

ゆり

Lilium

百合

ゆり

Lilium

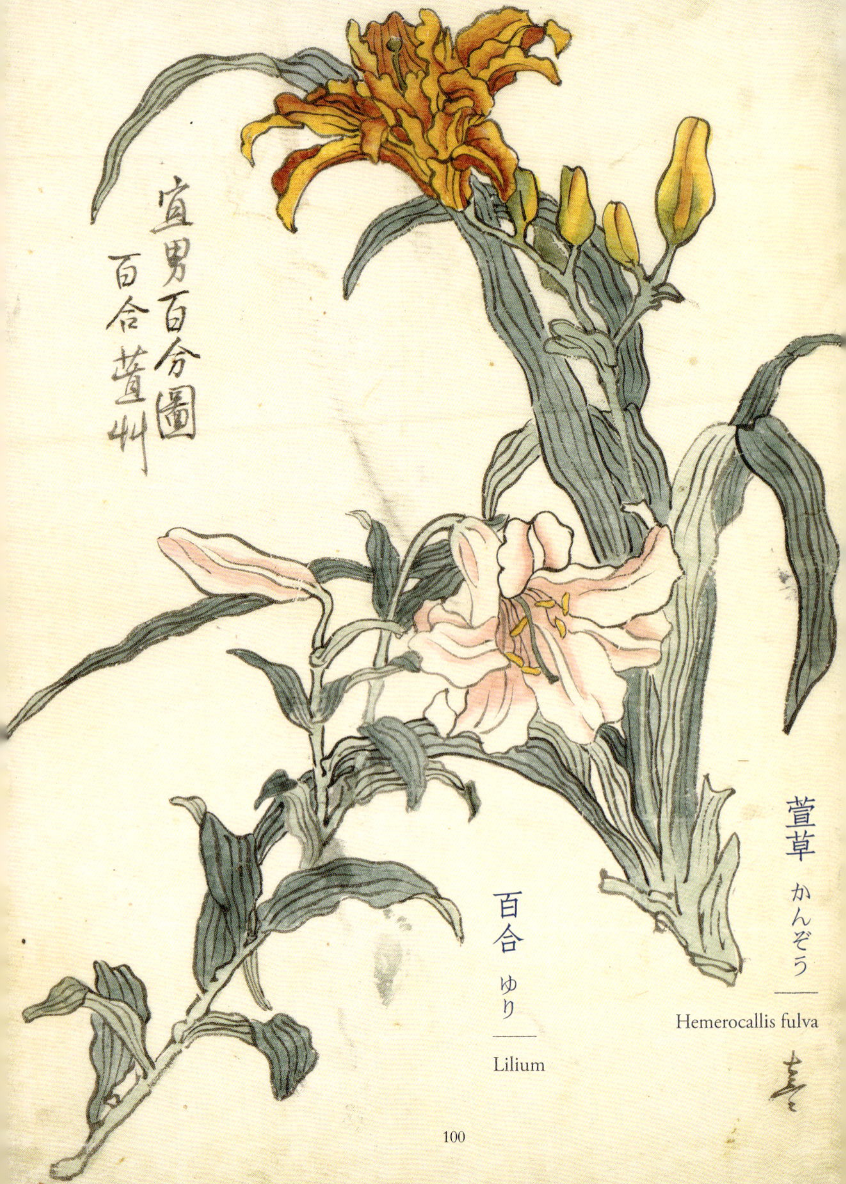

萱草《かんぞう》
Hemerocallis fulva

百合《ゆり》
Lilium

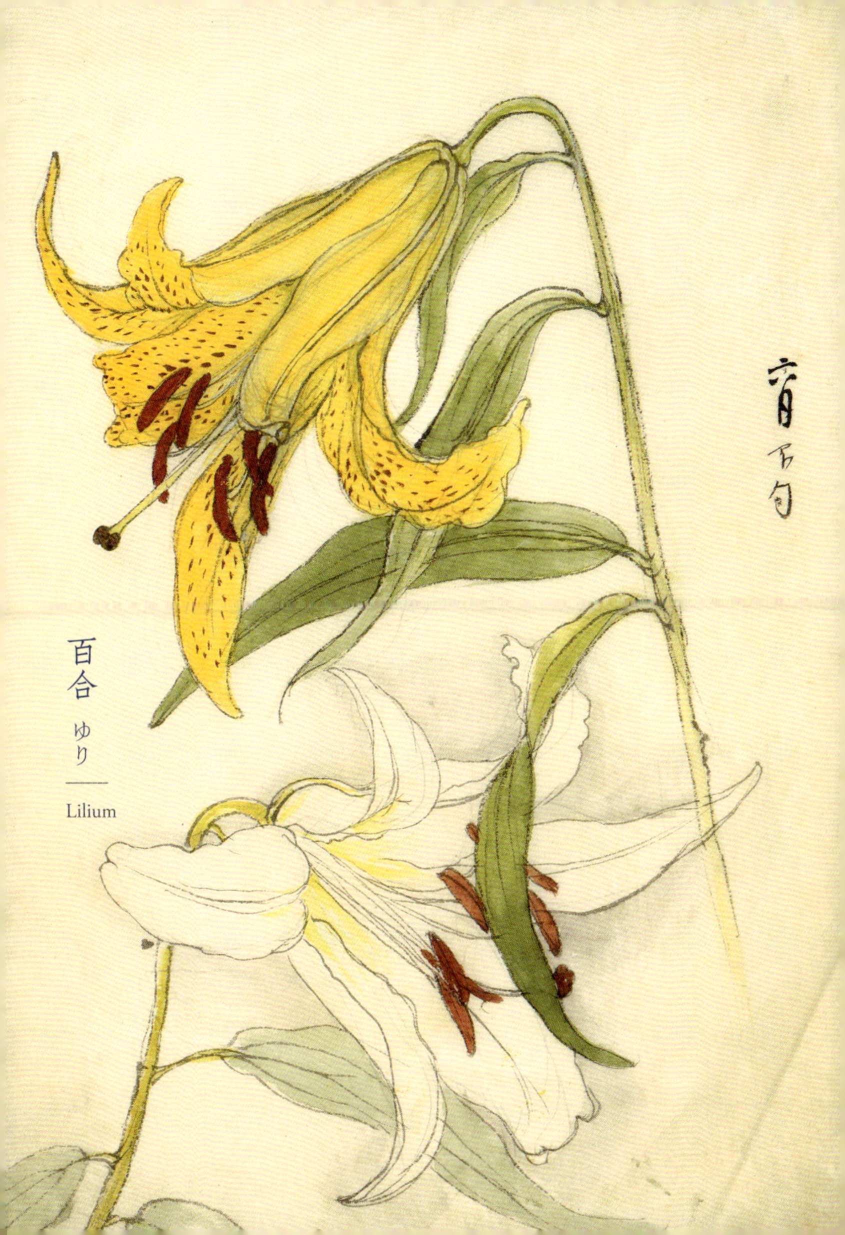

百合
ゆり

Lilium

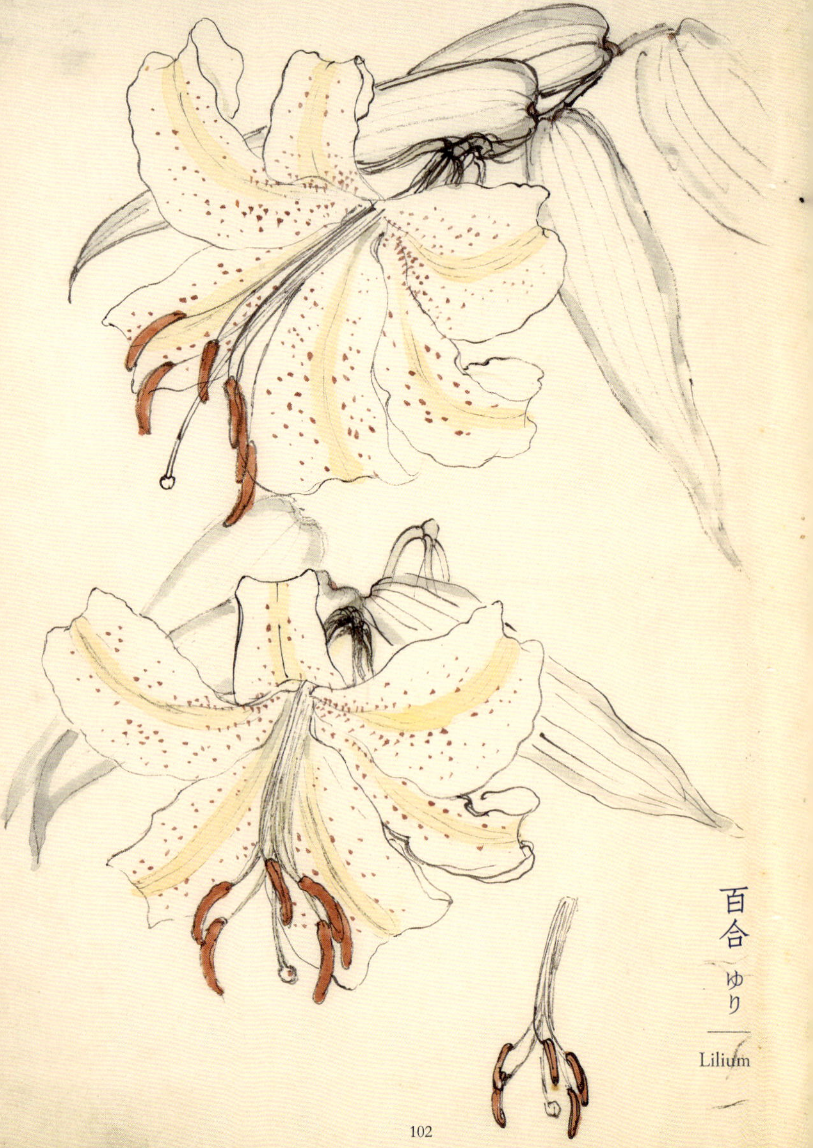

百合

ゆり

Lilium

百合

ゆり

Lilium

羊歯　しだ

Pteridophyta

青梅 おうめ

Prunus mume

あじさい

Hydrangea

あじさい

Hydrangea

柿

Diospyros

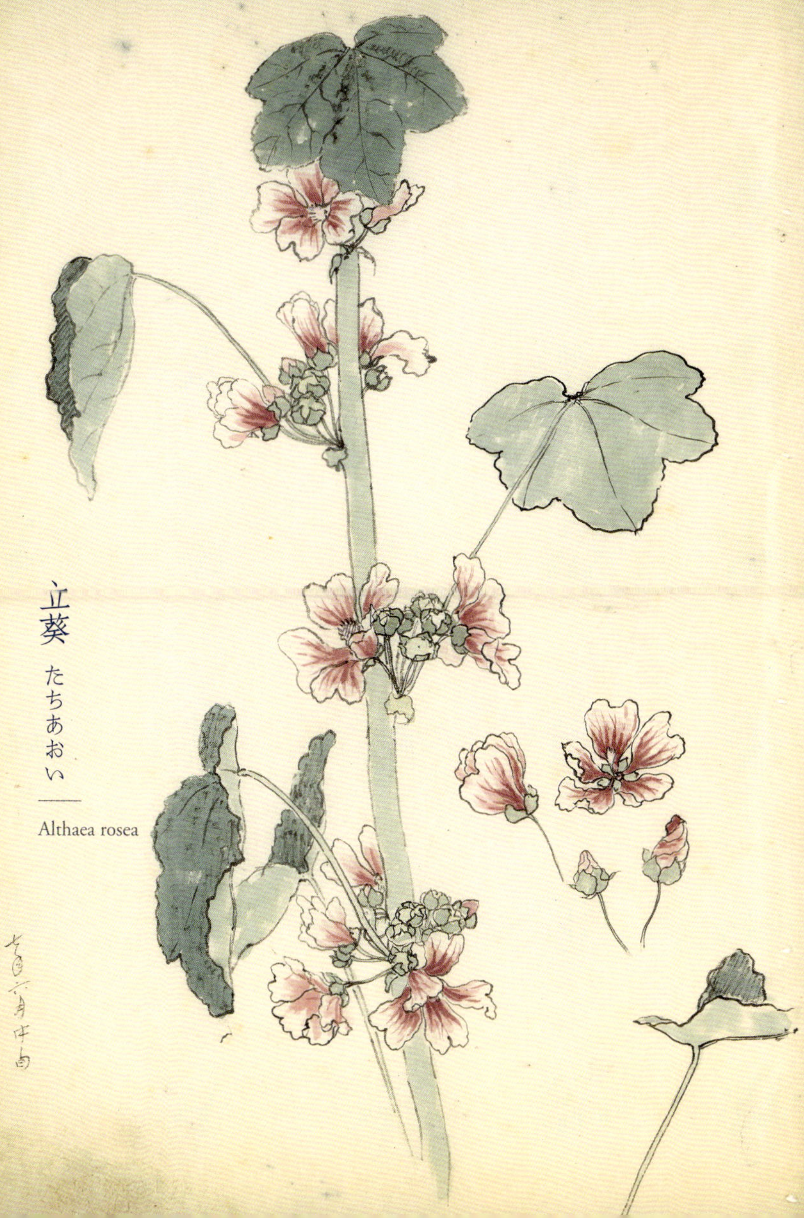

立葵

たちあおい

Althaea rosea

カラー

Zantedeschia aethiopica

芥子

けし

Papaver somniferum

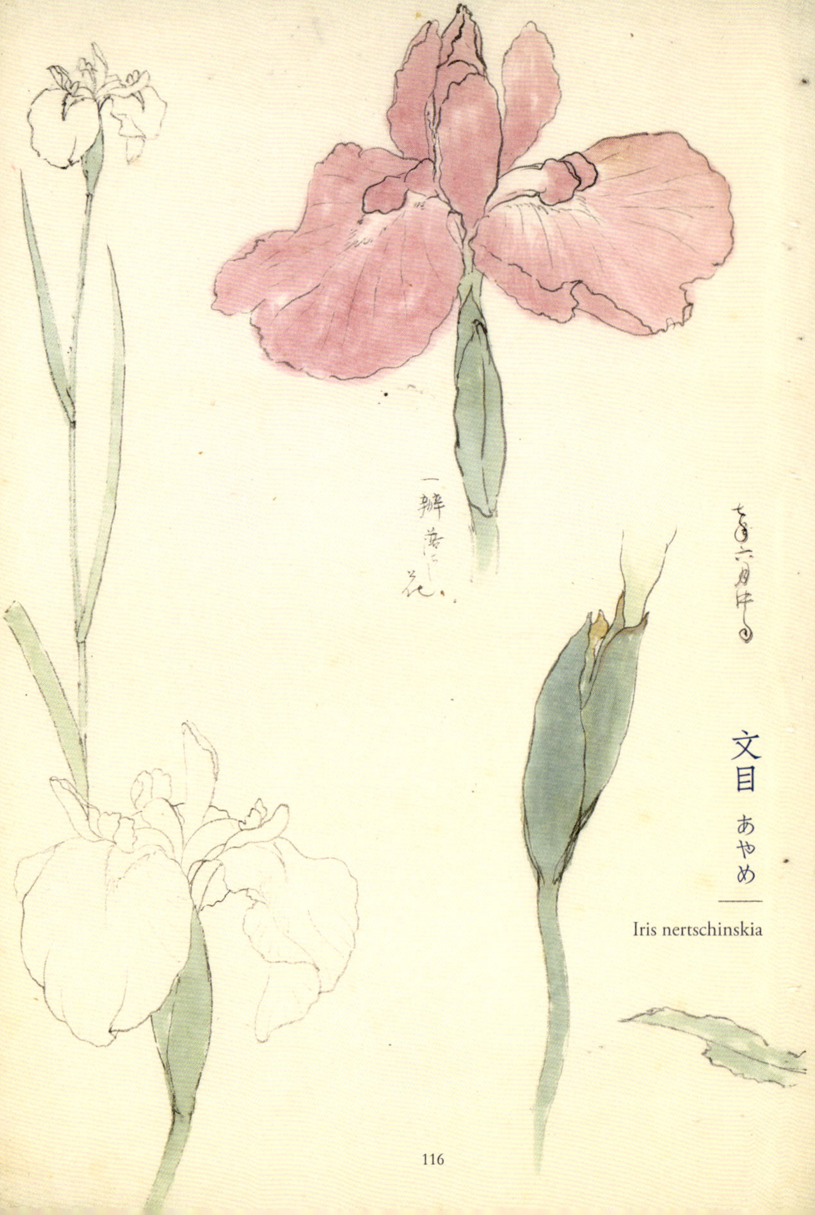

文目 あやめ

Iris nertschinskia

雁皮 | *Lychnis coronata*

がんぴ

狗尾草　えのころぐさ

Setaria viridis

犬狗草
七月七日寫

古葉裏葉
ニマタ莖色ニタレトモ
春色郁々
黃シテ
ニ寛

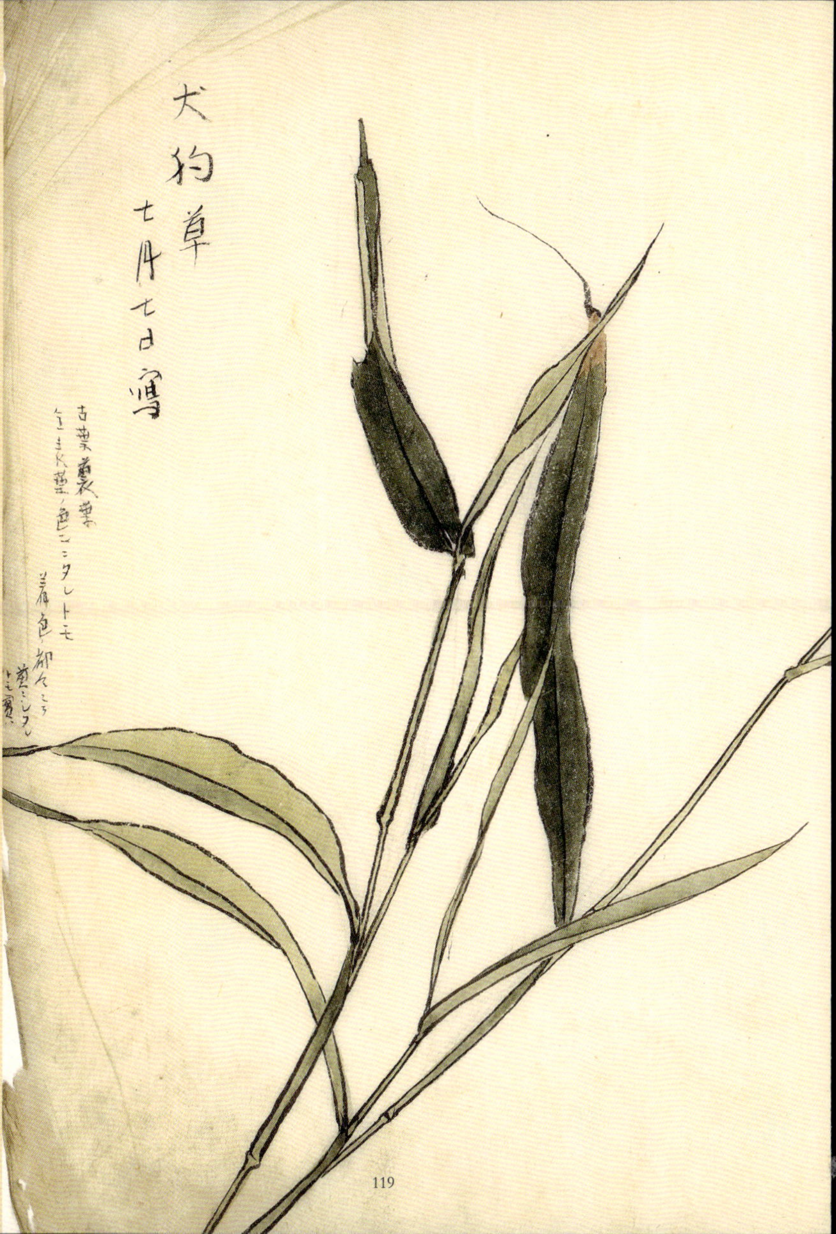

待宵草 まつよいぐさ

Oenothera odorata

飛燕草

ひえんそう

Delphinium ajacis

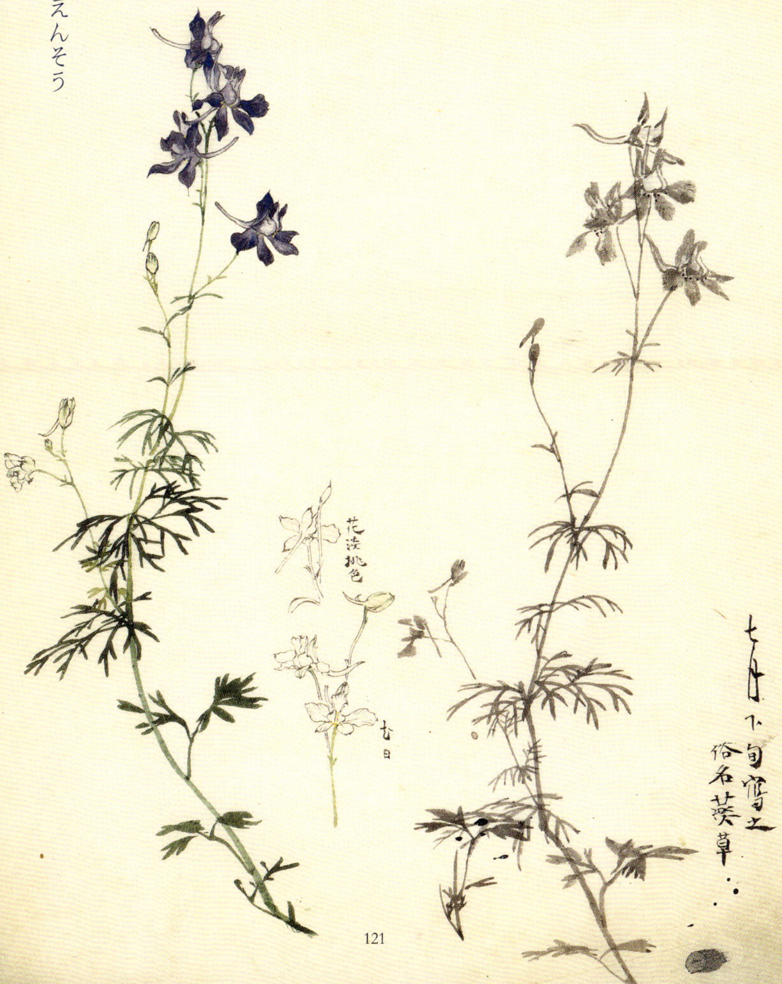

七月十一日写

張方田子ニ帯ブ

上方此意ニ…

撫子

なでしこ

Dianthus superbus

Dianthus caryophyllus | カーネーション

Dianthus caryophyllus | カーネーション

くぬぎ

Quercus acutissima

Quercus acutissima くぬぎ

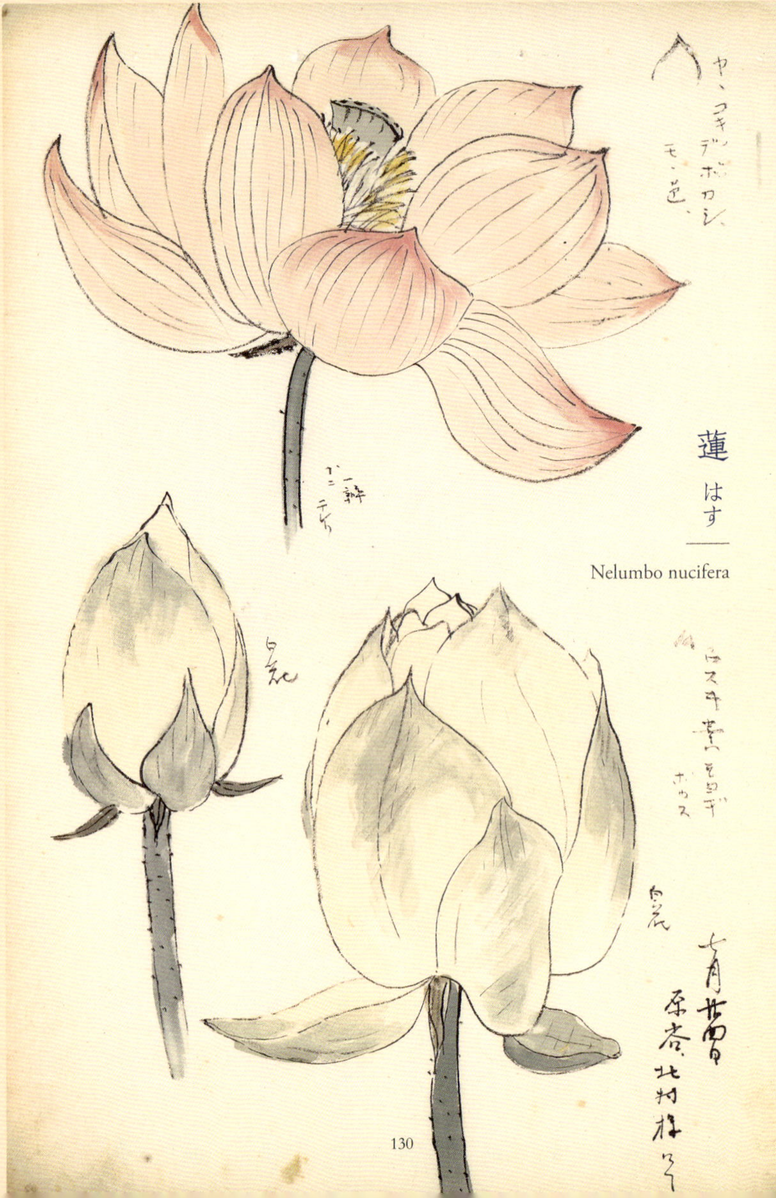

蓮
はす

Nelumbo nucifera

百日草
ひゃくにちそう
Zinnia elegans

百日草《ひゃくにちそう》

Zinnia elegans

野牡丹

のぼたん

Melastoma candidum

朝顔　あさがお

Ipomoea nil

栗《くり》

Castanea crenata

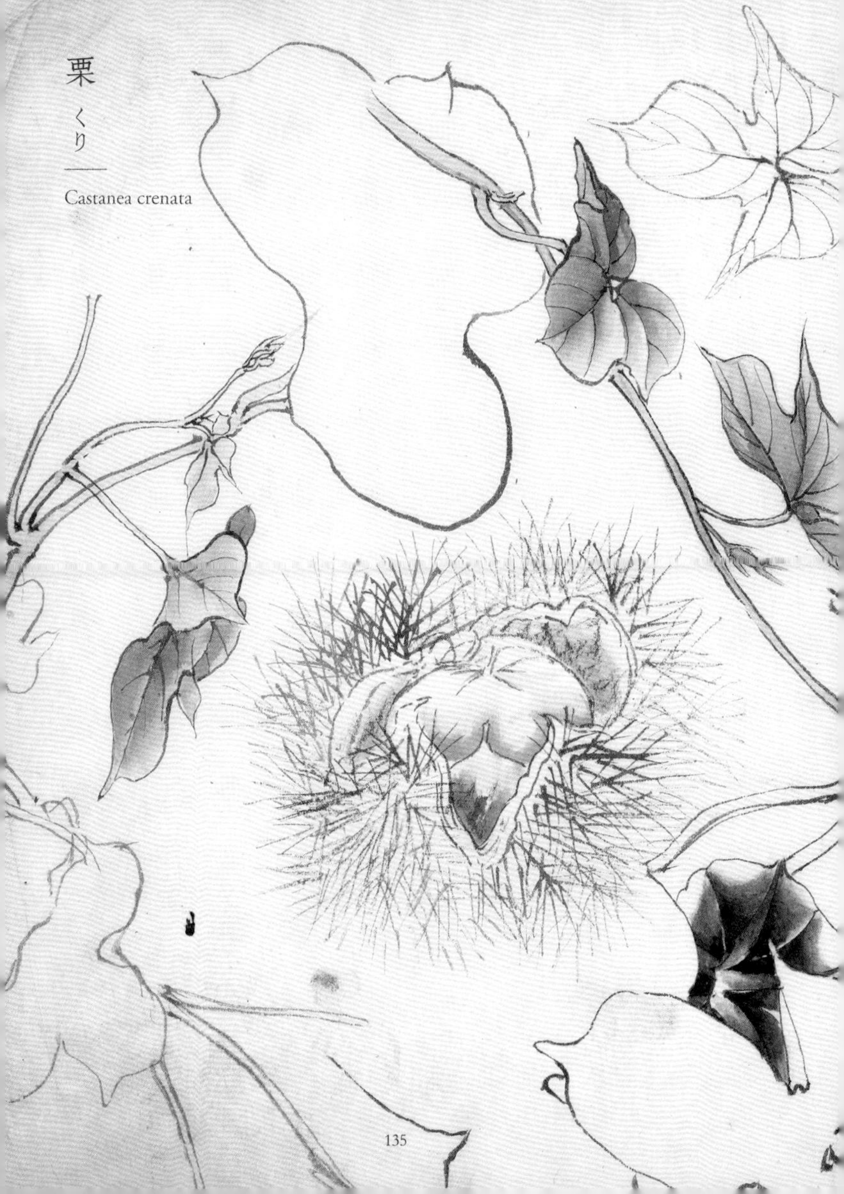

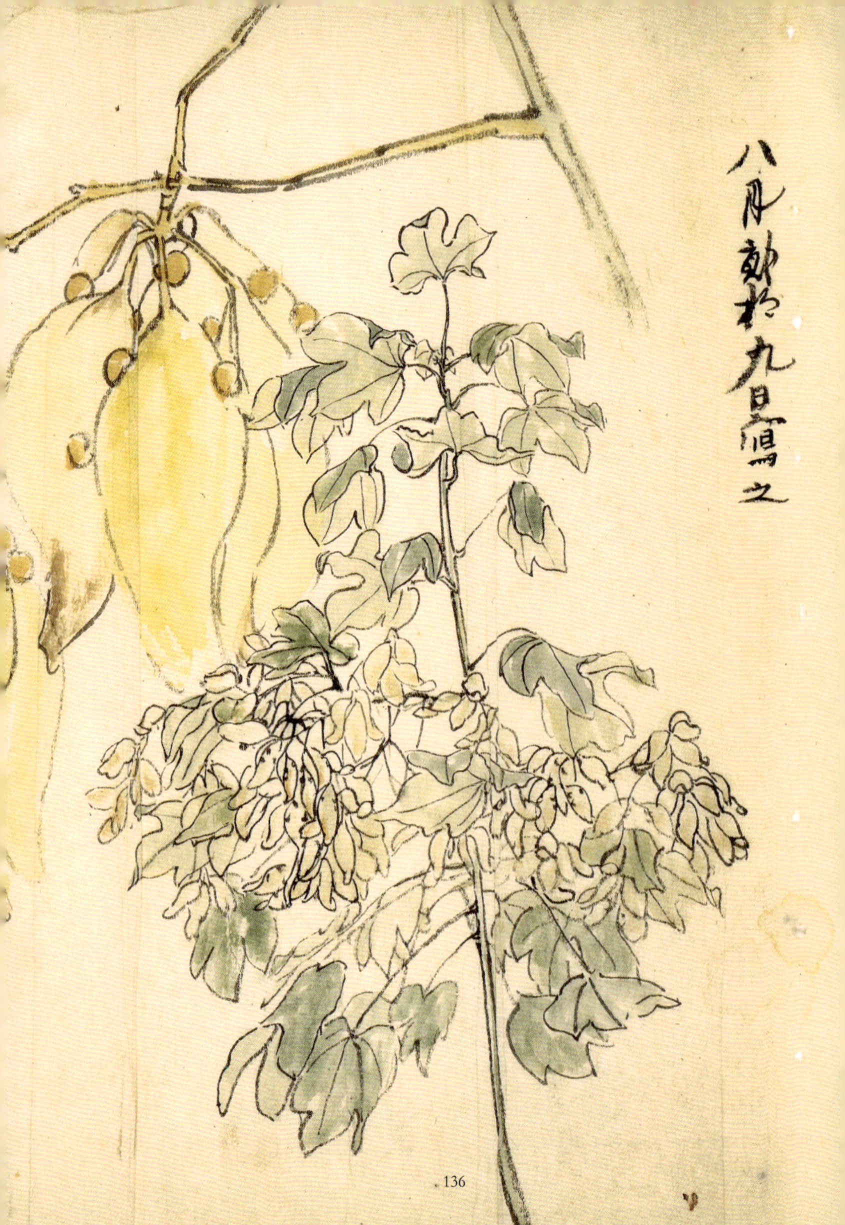
八月就於九日寫之

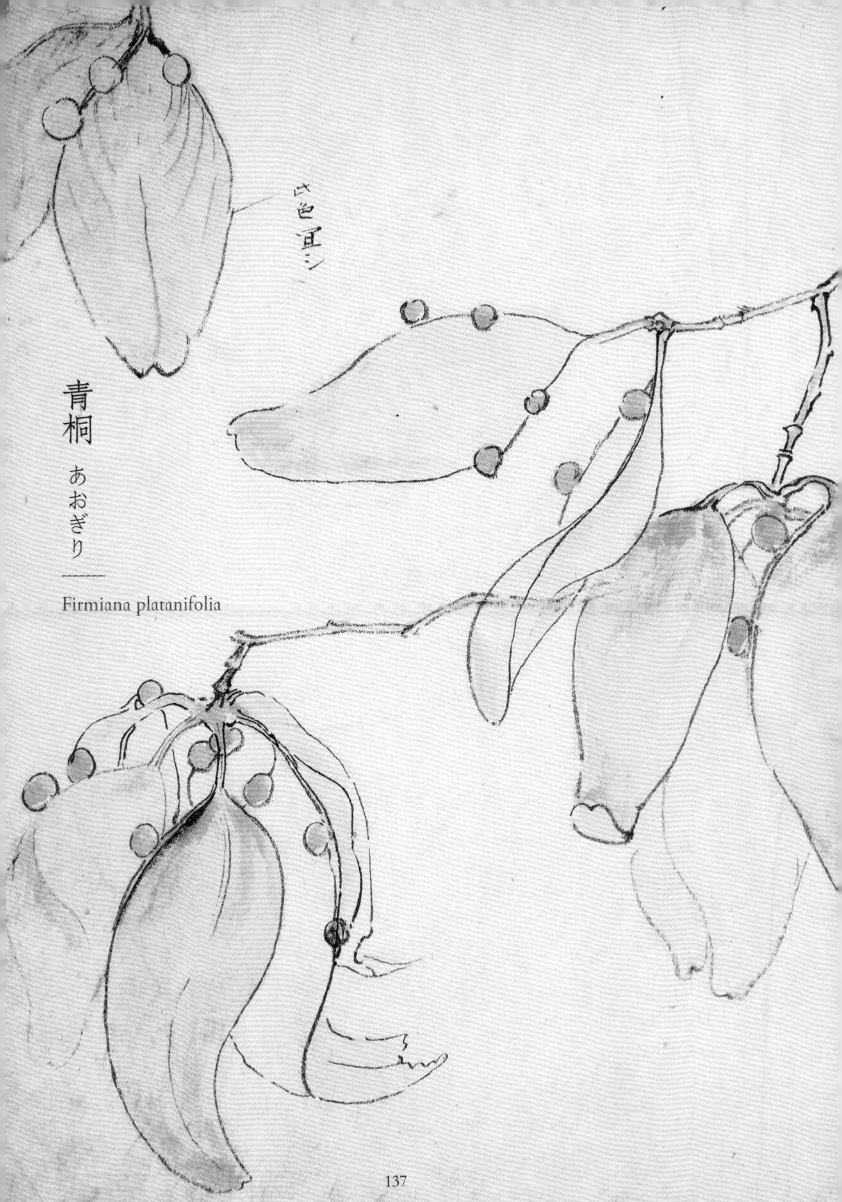

青桐

あおぎり

Firmiana platanifolia

水引

みずひき

Persicaria filiformis

木槿

むくげ

Hibiscus syriacus

あざみ

Cirsium

あざみ

Cirsium

蘭《らん》

Orchis

蘭之圖 寫ス

竜胆

りんどう

Gentiana scabra

無果花
九月中旬寫
向ひの借家の
無果花

無花果

いちじく

Ficus carica

無花果

いちじく

Ficus carica

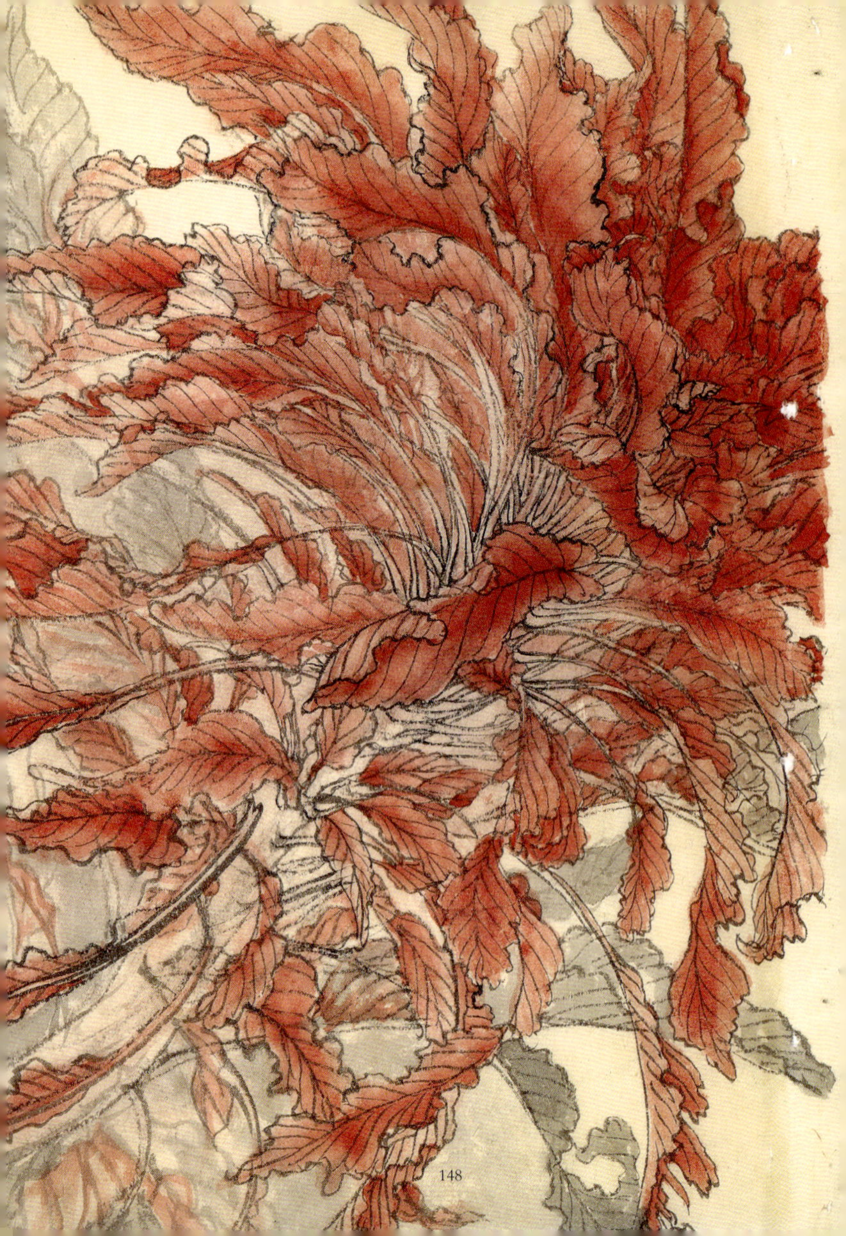

葉鶏頭　はげいとう

Amaranthus tricolor

葉鶏頭　はげいとう

Amaranthus tricolor

Chrysanthemum
morifolium

菊《きく》

Chrysanthemum morifolium

菊

きく

嵯峨菊

さがぎく

Chrysanthemum grandiflorum cv. Saga

黍
きび

Panicum miliaceum

鶏頭 けいとう

Celosia cristata

紫苑

しおん

Aster tataricus

石榴

ざくろ

Punica granatum

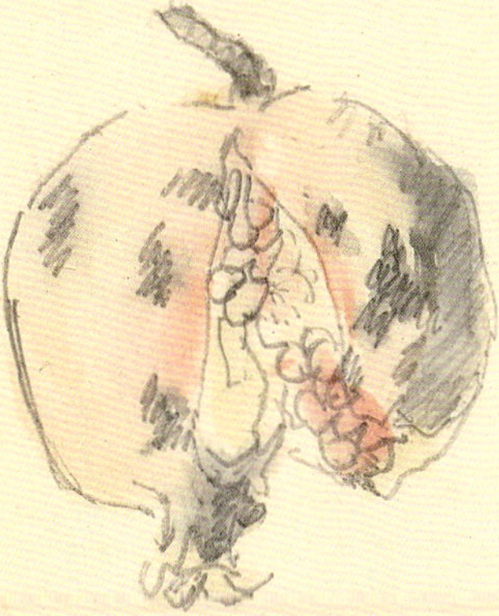

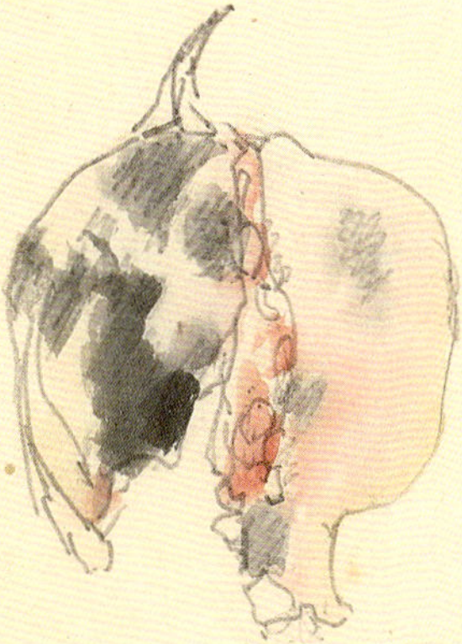

石榴 ざくろ

Punica granatum

菝葜 さるとりいばら

Smilax china

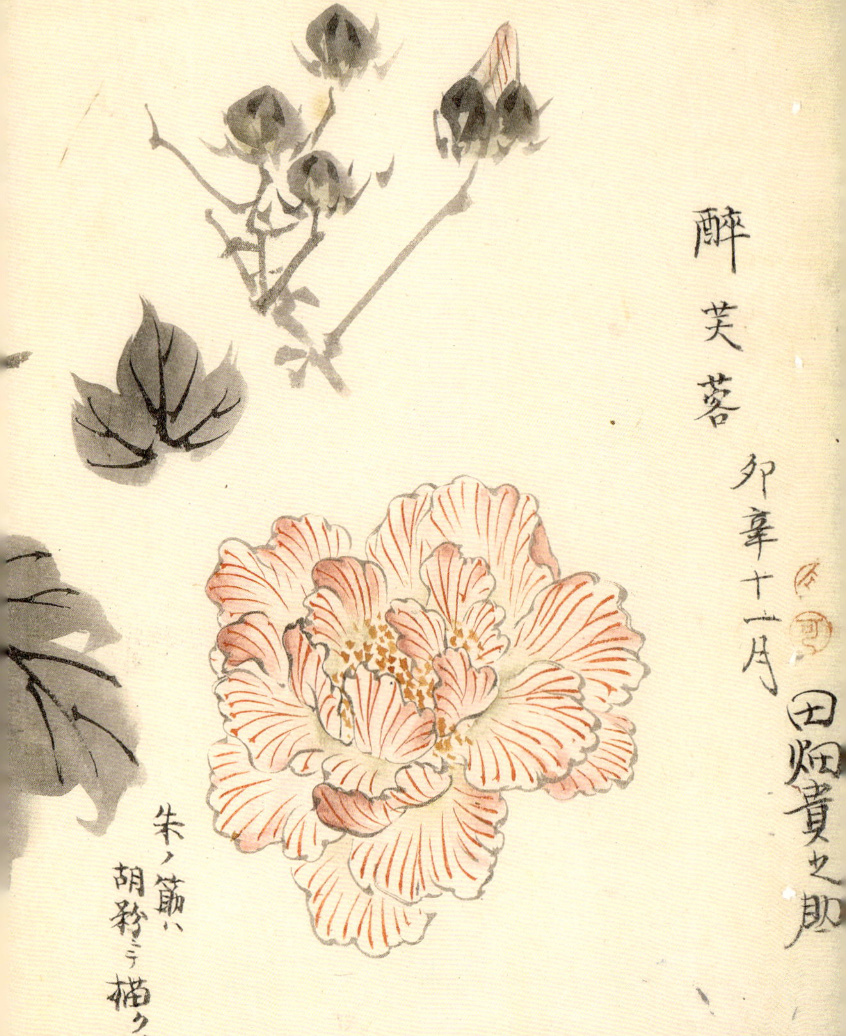
酔芙蓉
卯年十一月
田畑貫之助
朱ノ筋ハ
胡粉ニテ
描クベシ

酔芙蓉 すいふよう

Hibiscus mutabilis

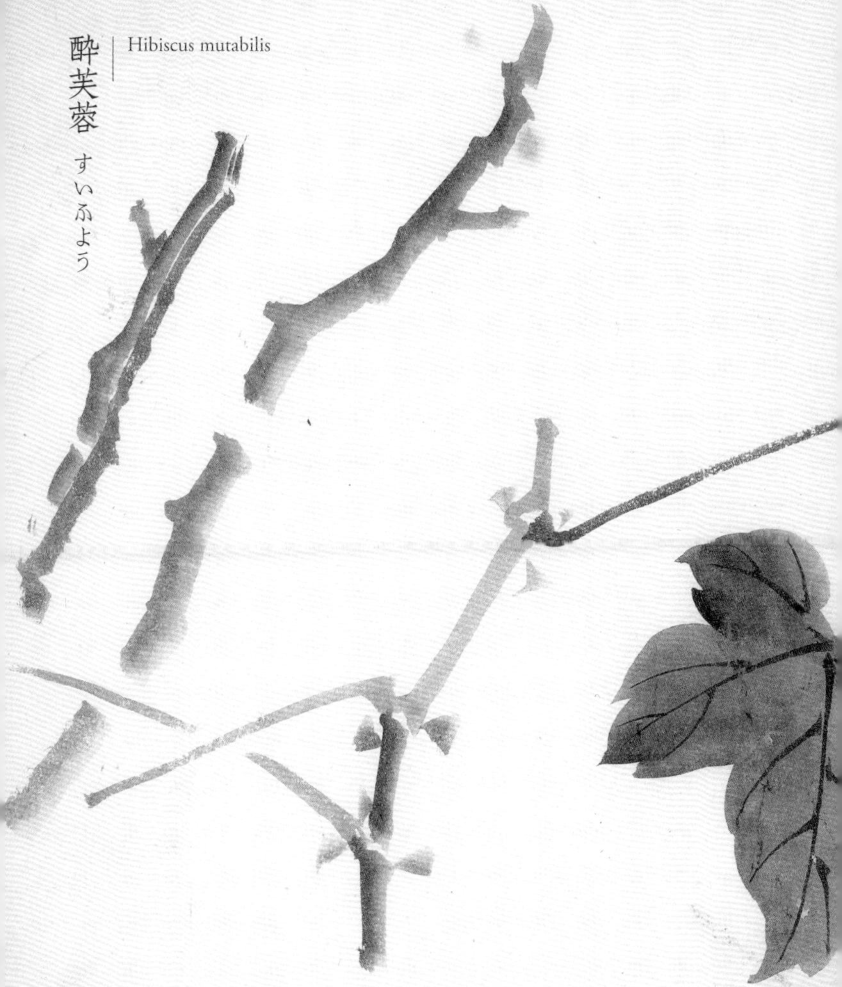

芙蓉

ふよう

Hibiscus mutabilis

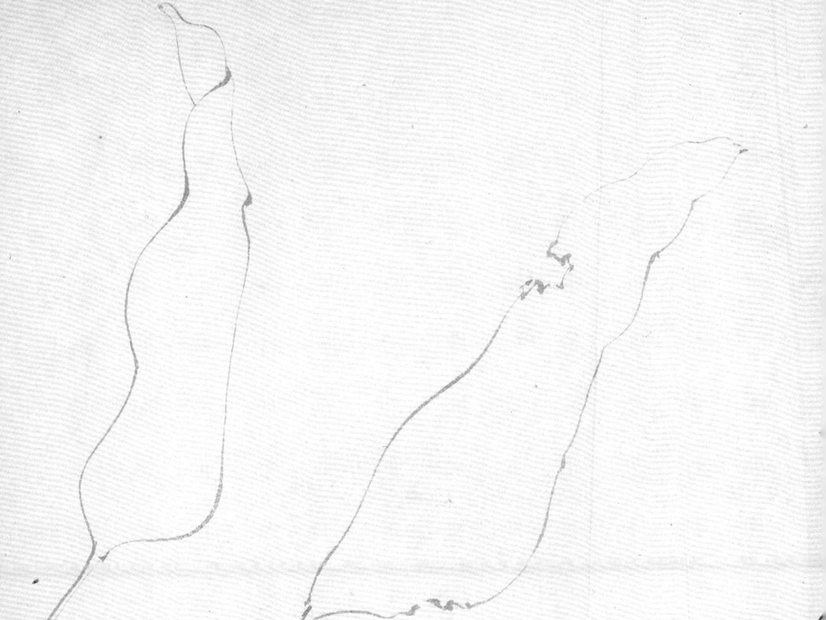

山路野菊

やまじのぎく

Aster kantoensis

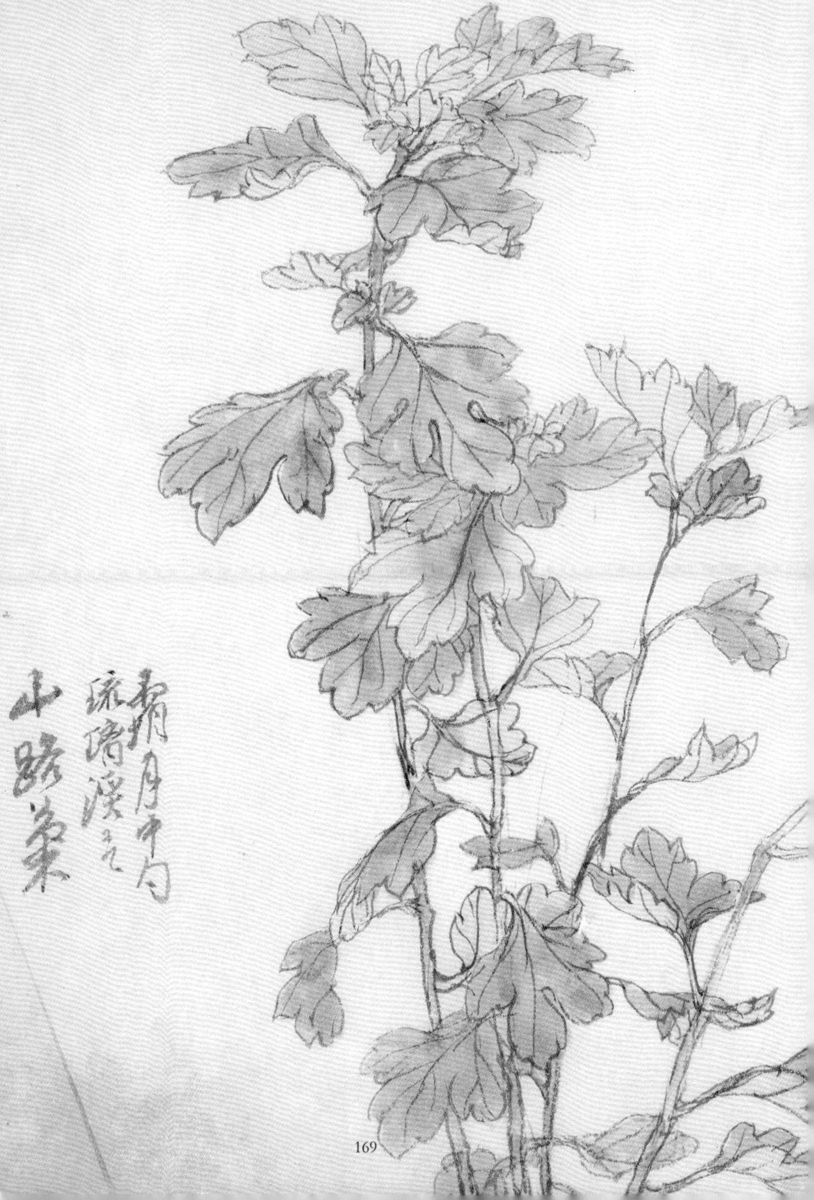

山妹さんが
枝を折って帰って
私にくれた
ひきい
紅葉を

小倅同伴丹下ノ門タく

十月廿才
紅葉乃
紅葉を

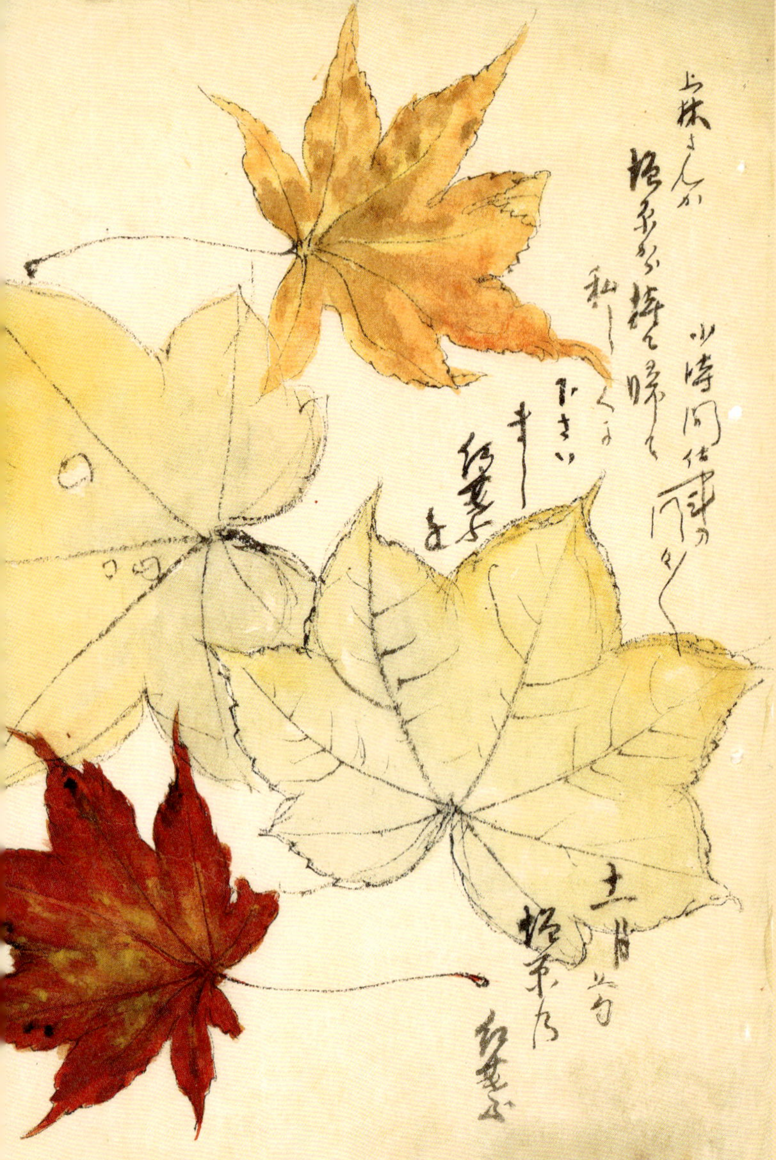

もみじ

Acer

十一月中旬

もみじ

Acer

もみじ

Acer

もみじ

Acer

楓 かえで
Acer

昭和二十年十二月十二日
琉球漢を写
概
翠湾
秋橋 同行
杉浦お
杉海

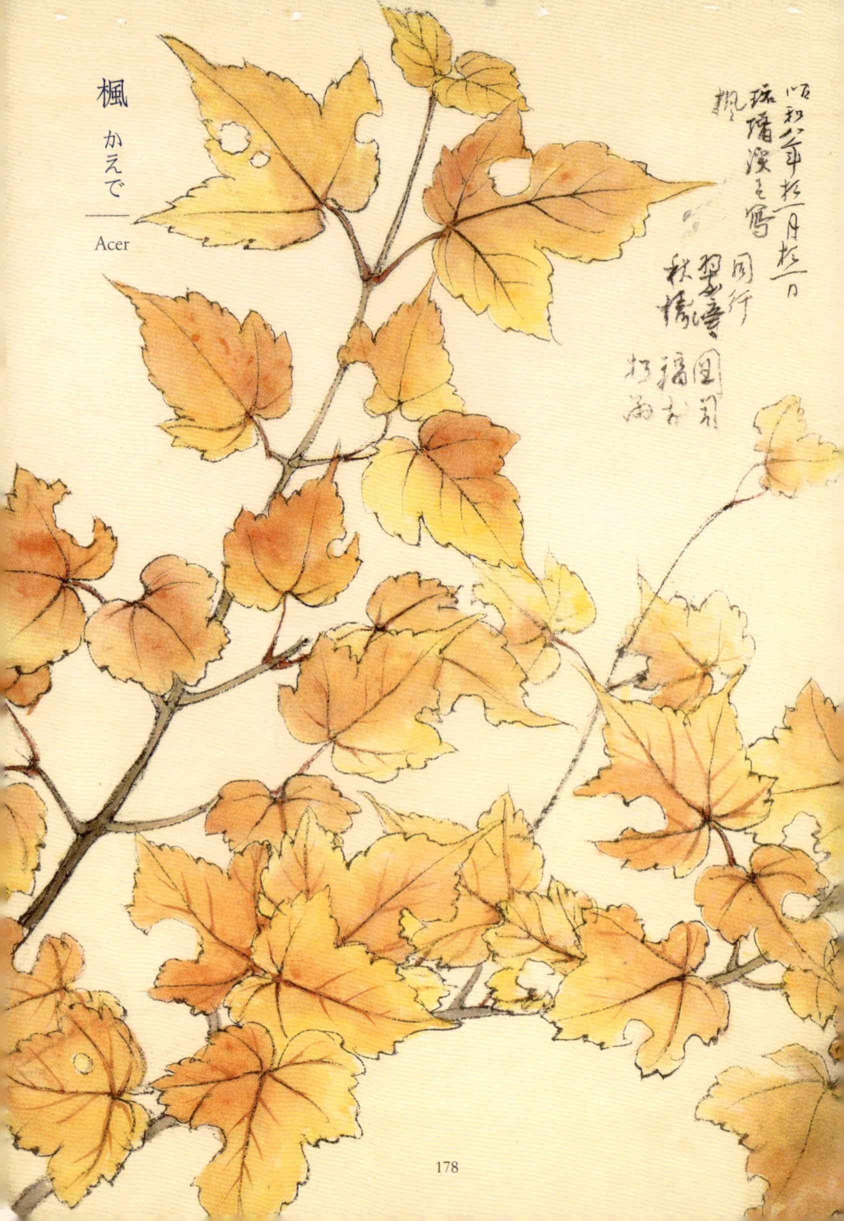

楓

かえで

Acer

桜の落葉

さくらのおちば

桜の落葉　さくらのおちば

東世の中や武の
きそれ　　新日送られれ
霜月六句　　芭蕉

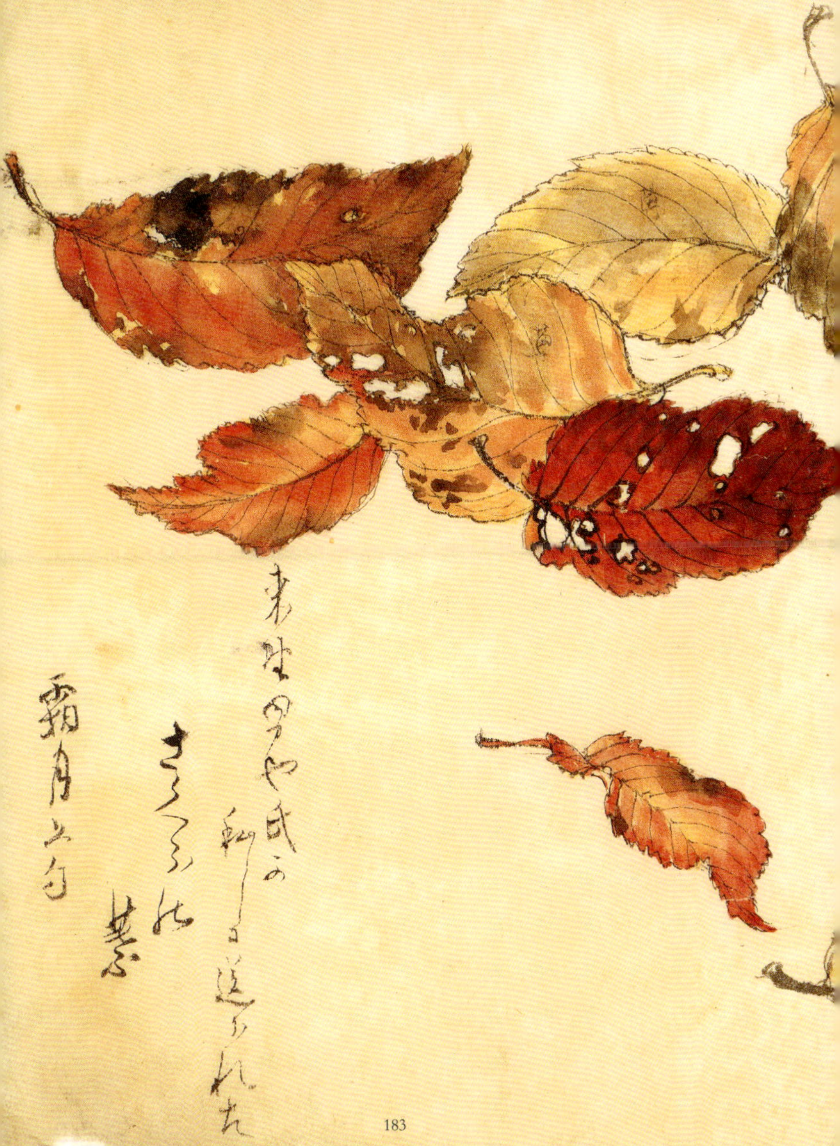

桜の落葉　さくらのおちば

十月廿十日
竹陰生寫

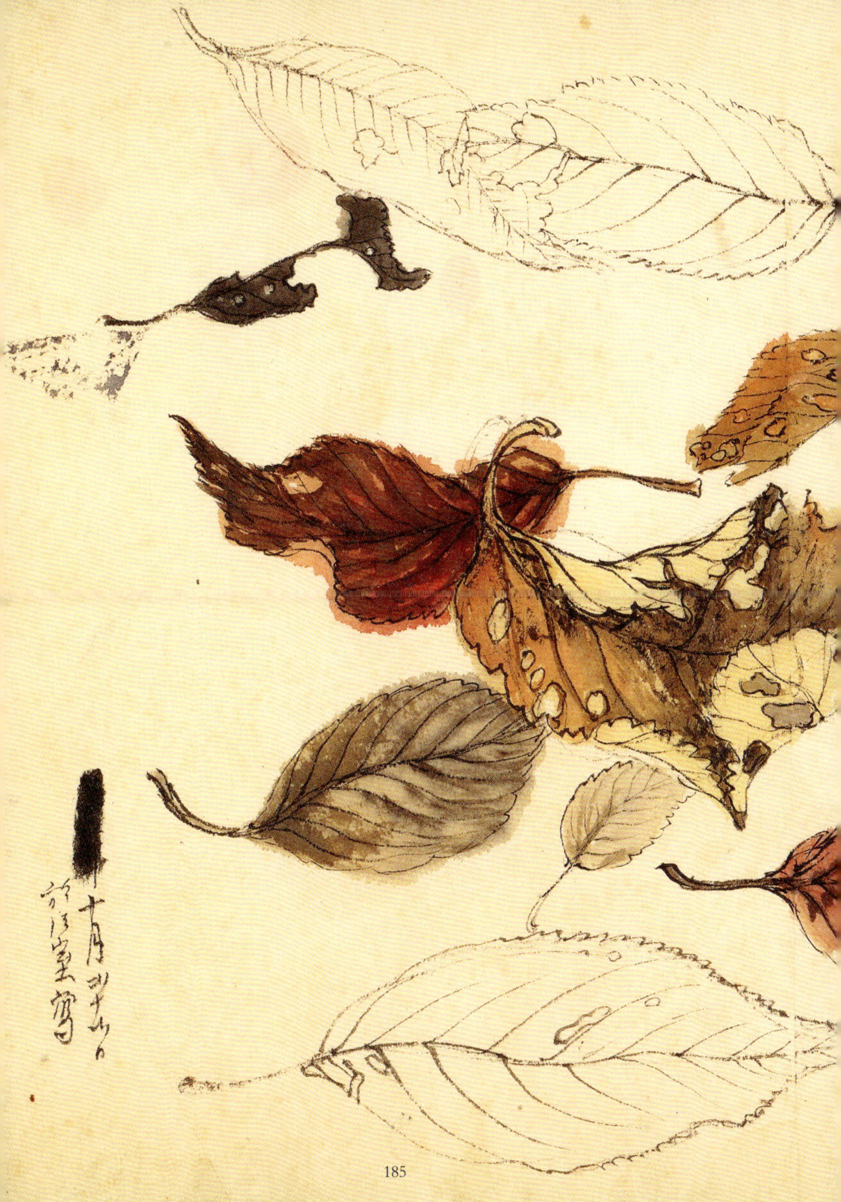

柿の落葉
かきのおちば

十一月廿日　ハゼノ落葉

洛北　光悦寺の裏山ニテ

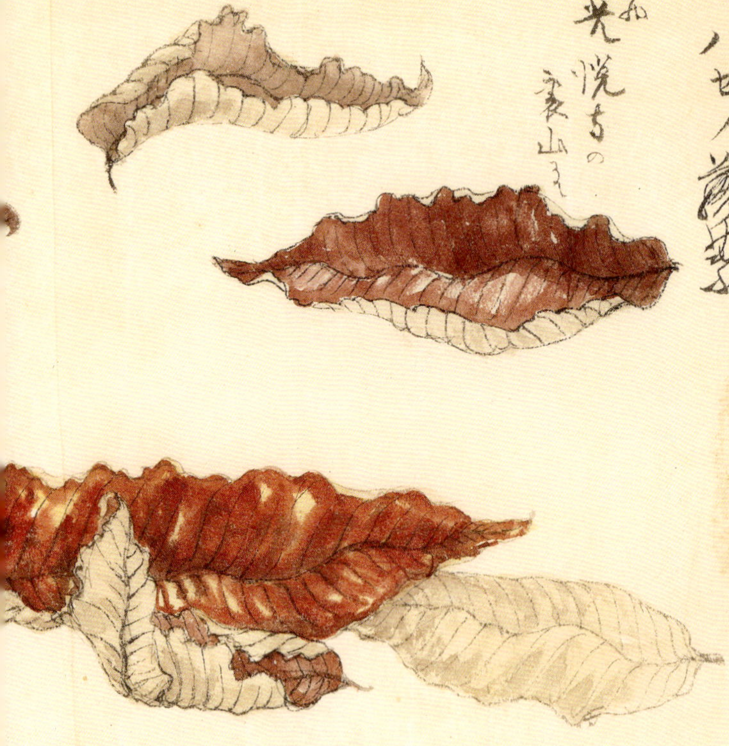

はぜの落葉

はぜのおちば

ほおずき

Physalis alkekengi

ほおずき

Physalis alkekengi

山葵

わさび

Wasabia japonica

青木

青木

あおき

Aucuba japonica

青木

あおき

Aucuba japonica

青木

あおき

Aucuba japonica

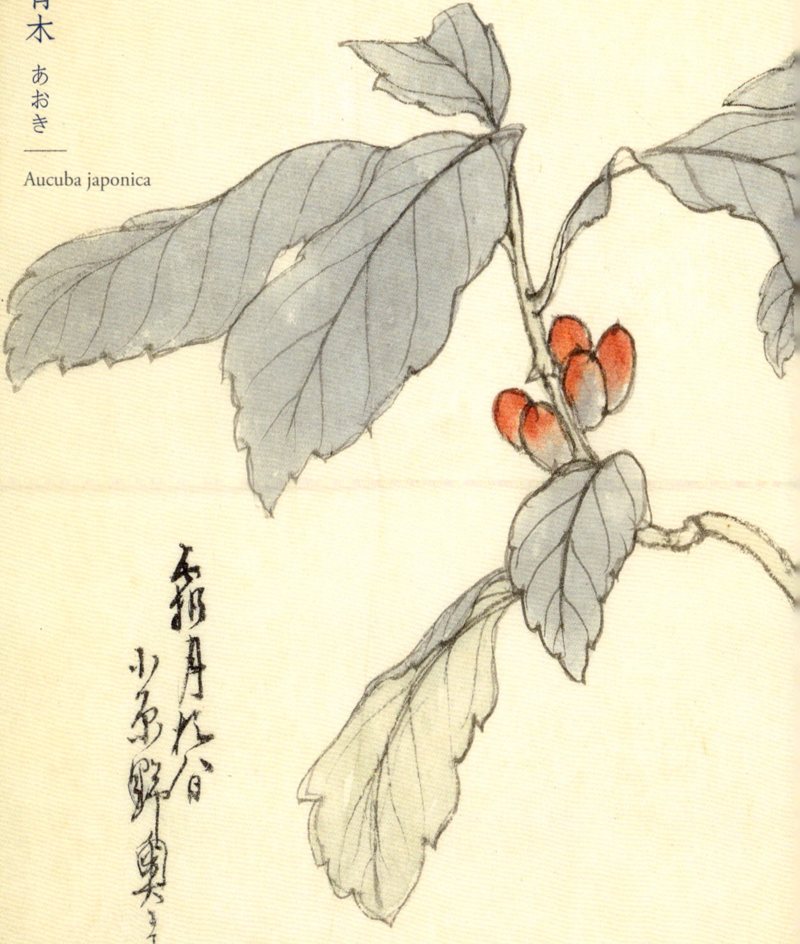

青木

あおき

Aucuba japonica

熊笹　くまざさ

Sasa albo-marginata

熊笹 くまざさ

Sasa albo-marginata

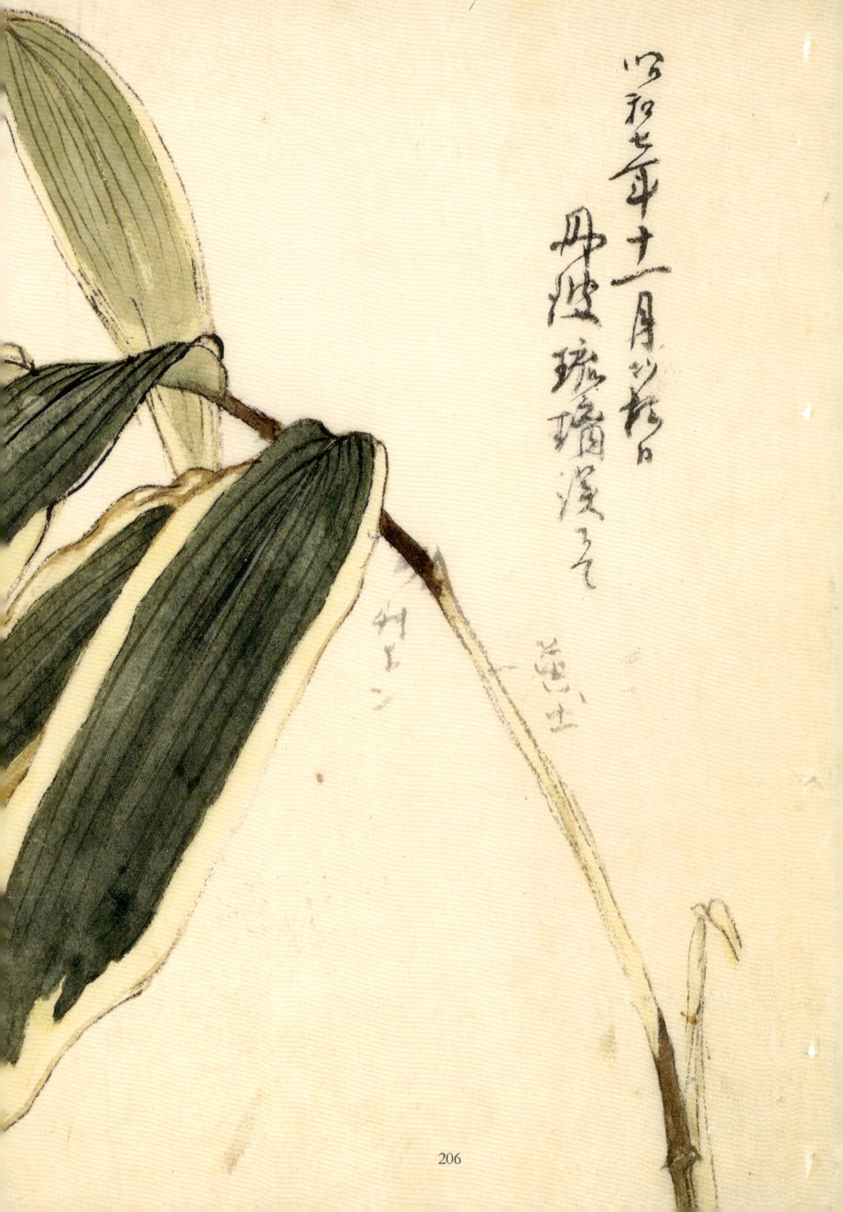
明和七年十一月
丹波瑠璃渓ニテ
蕙史

熊笹

くまざさ

Sasa albo-marginata

拾壹月貳拾貳日寫生

山茶花 さざんか

Camellia sasanqua

水仙
すいせん

Narcissus tazetta

貞子かえれ花好の水仙
嘉永四年正月十六日齋[印]

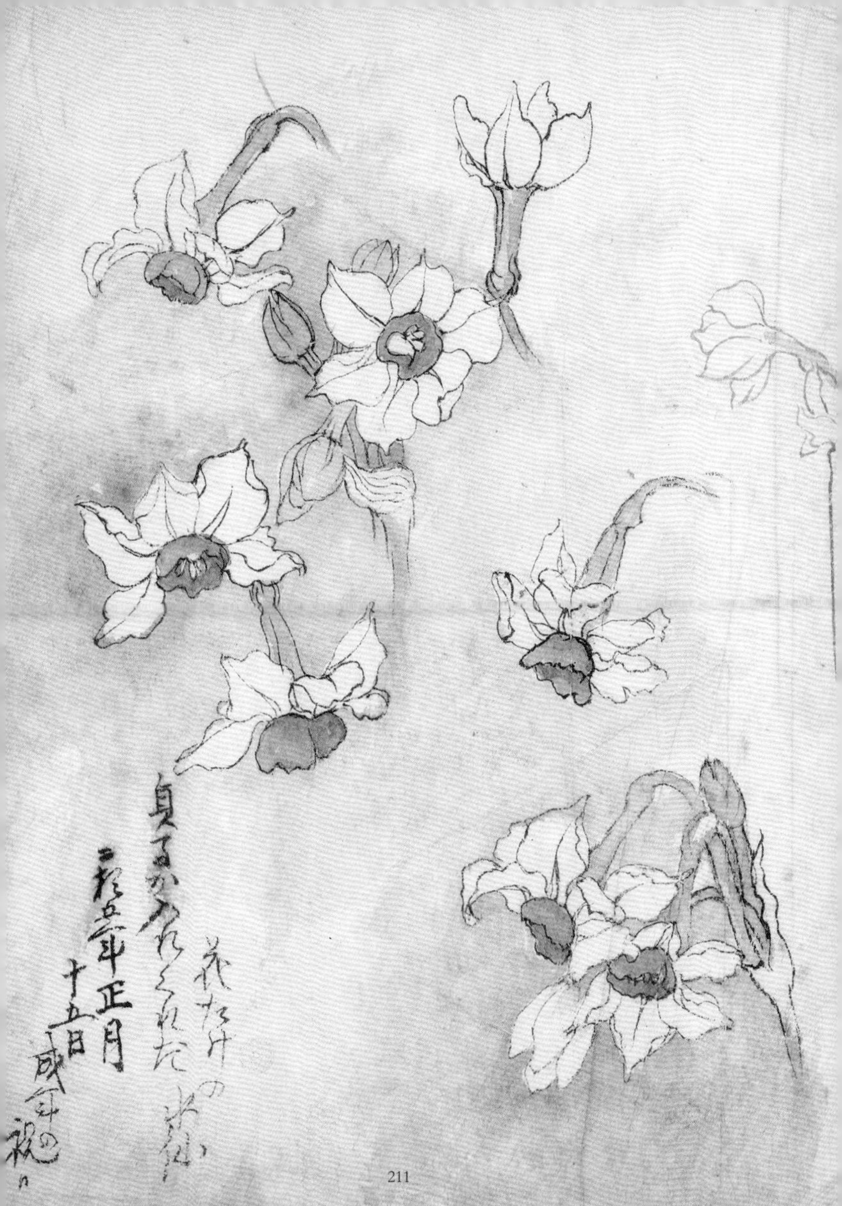

水仙 すいせん

Narcissus tazetta

水仙

すいせん

Narcissus tazetta

隣の子らか持てきて来しのを写置く
一月十三日
二十四日

千両

せんりょう

Chloranthus glaber

冬菊 ふゆぎく

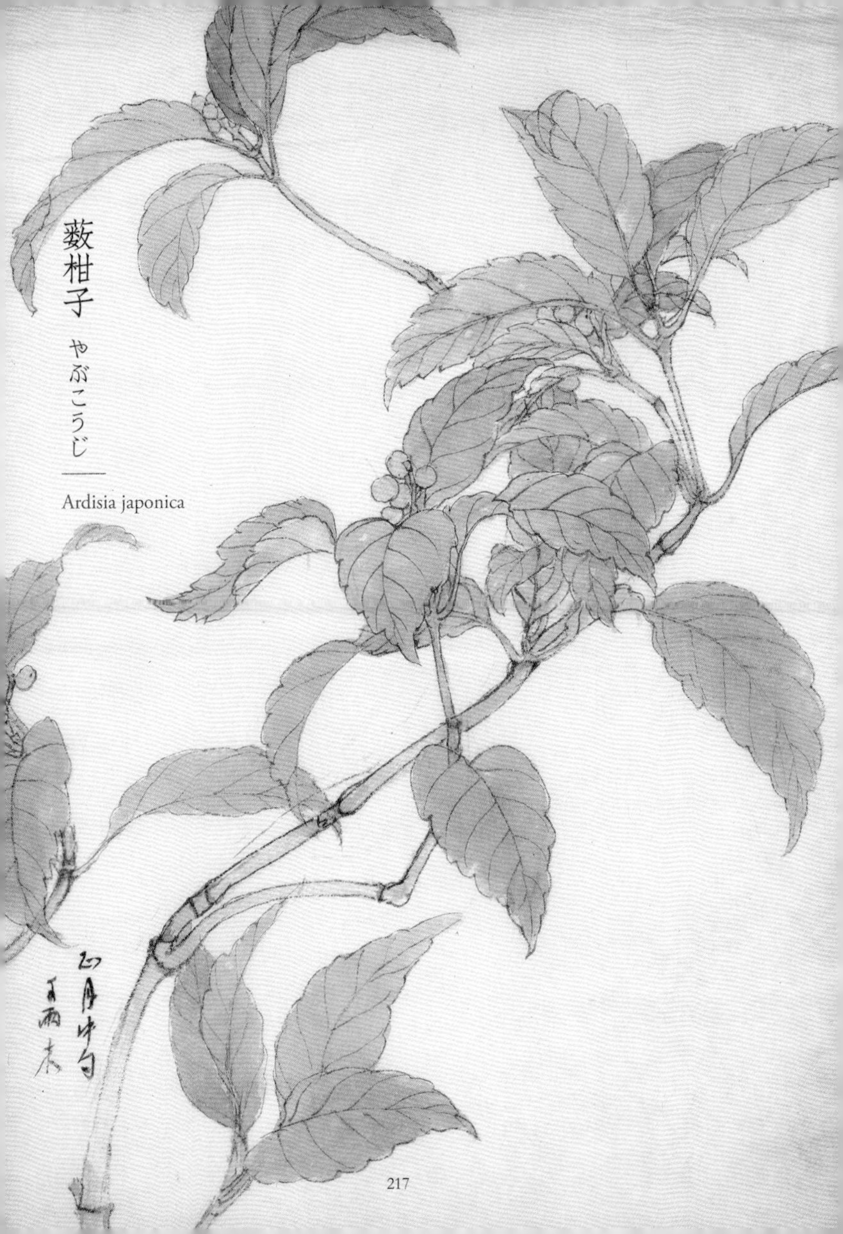

薮柑子

やぶこうじ

Ardisia japonica

薮柑子

やぶこうじ

Ardisia japonica

薮柑子　やぶこうじ

Ardisia japonica

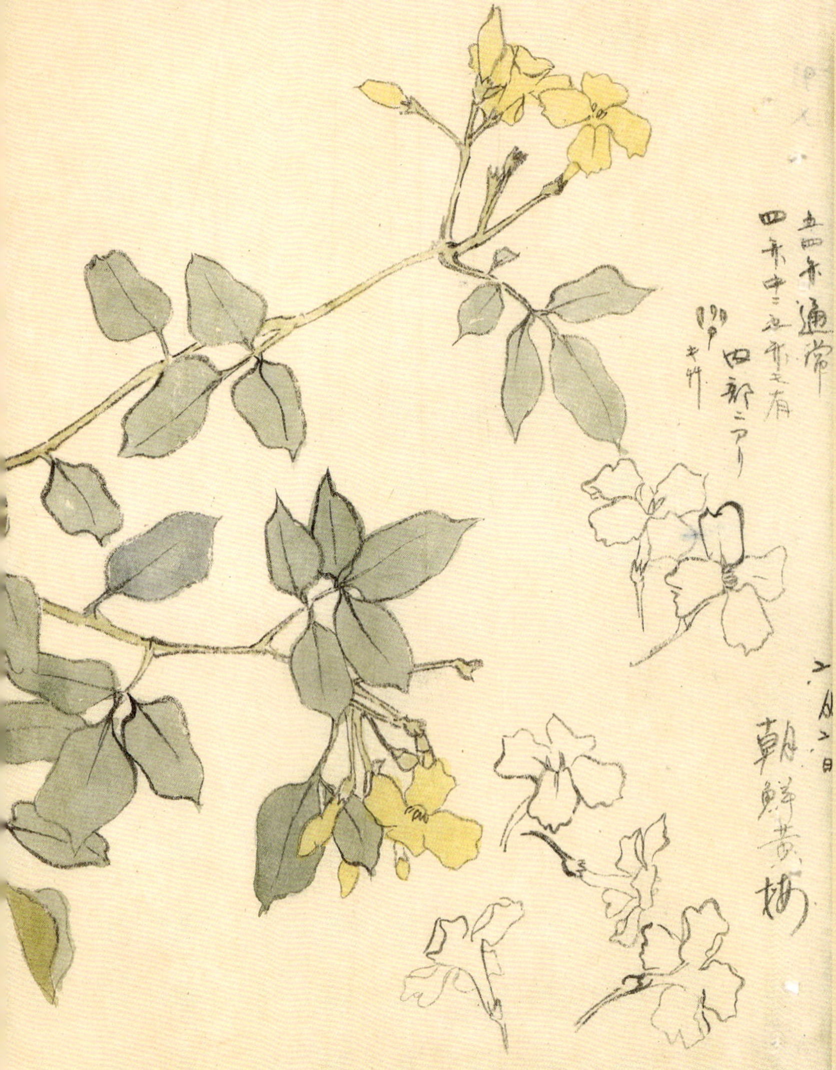
五四弁通常
四弁中ニ五弁モ之有
四弁ニアリ
二月二日
朝鮮黄梅

朝鮮黄梅

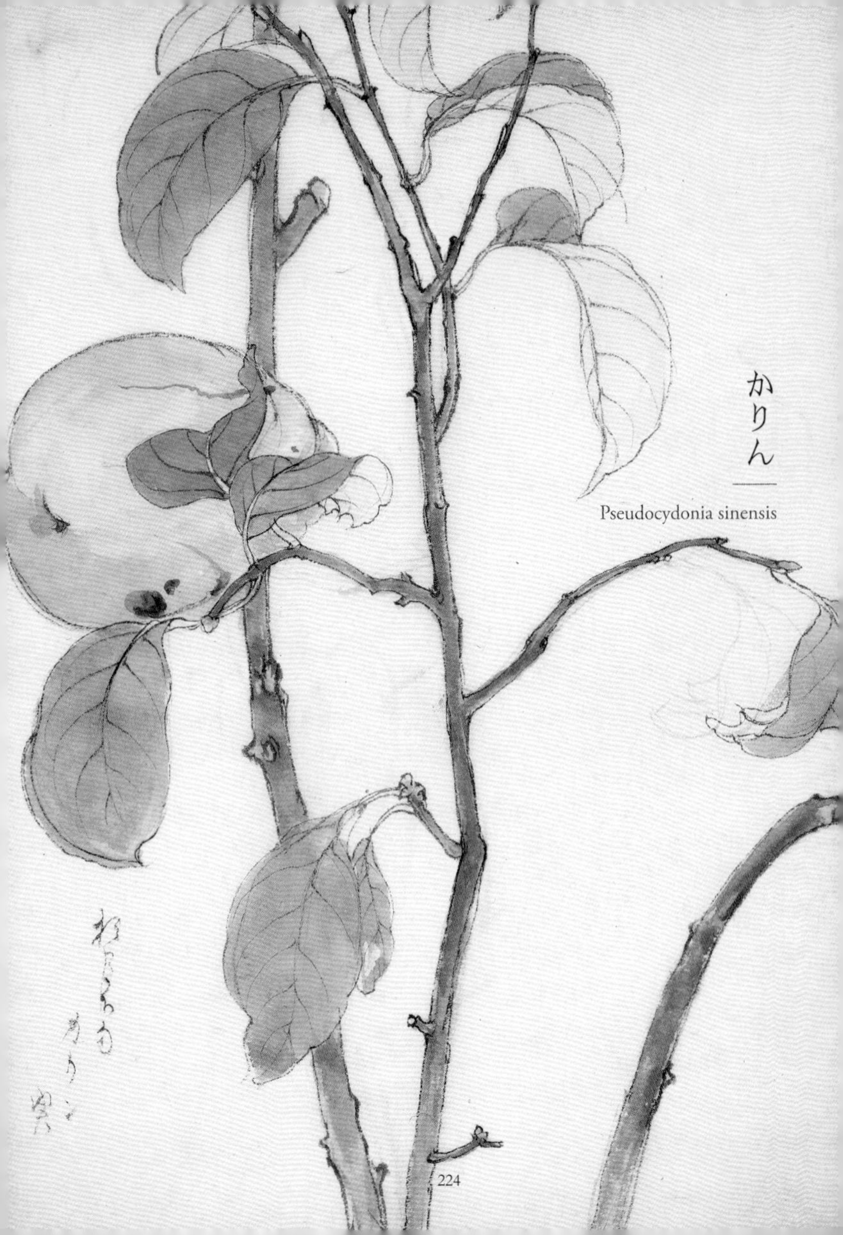

かりん

Pseudocydonia sinensis

鳥魚図

明治三拾一年拾二月十日
雀

十月二十六日

五月
ホ赤ハ鳥

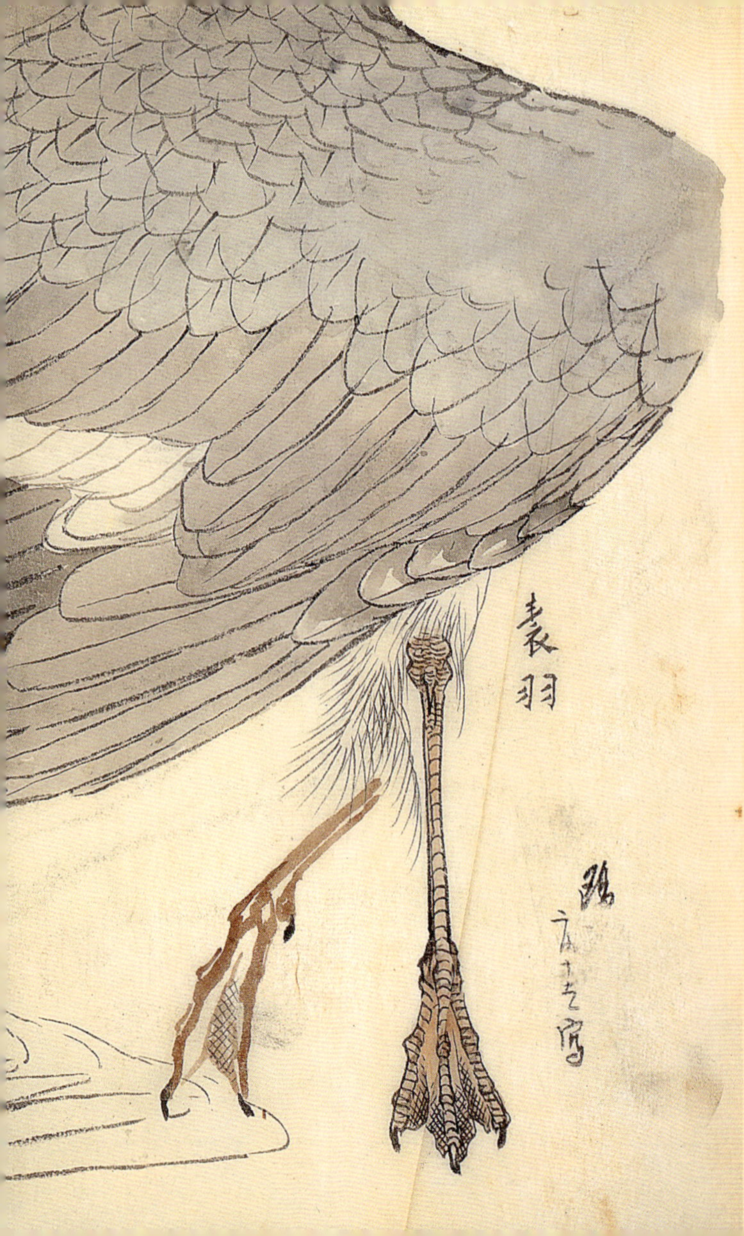
表羽

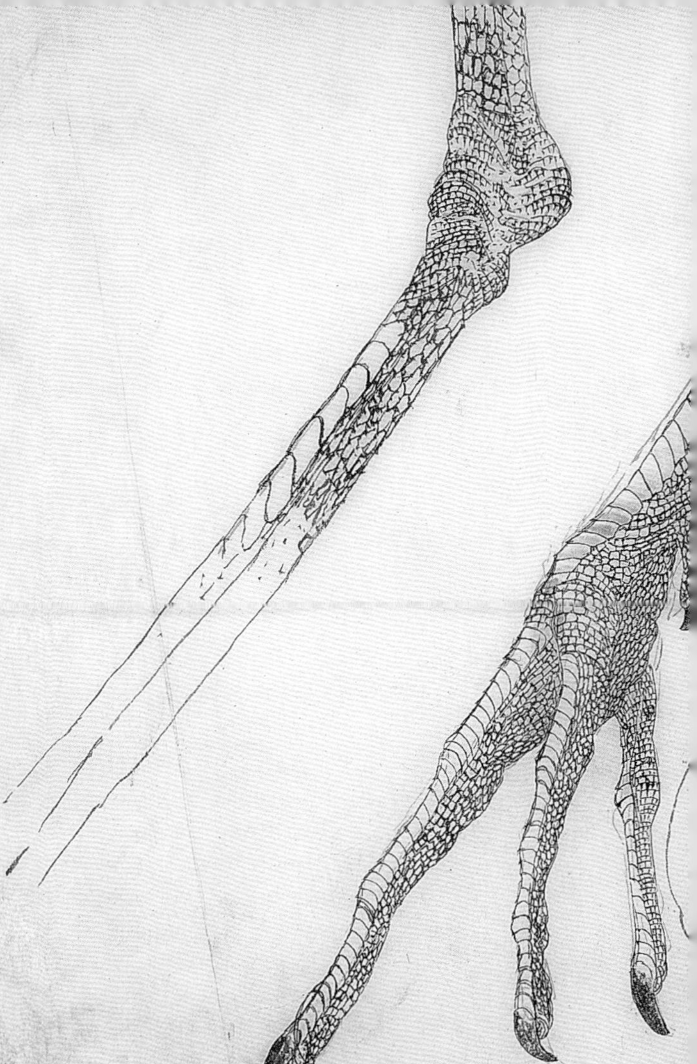

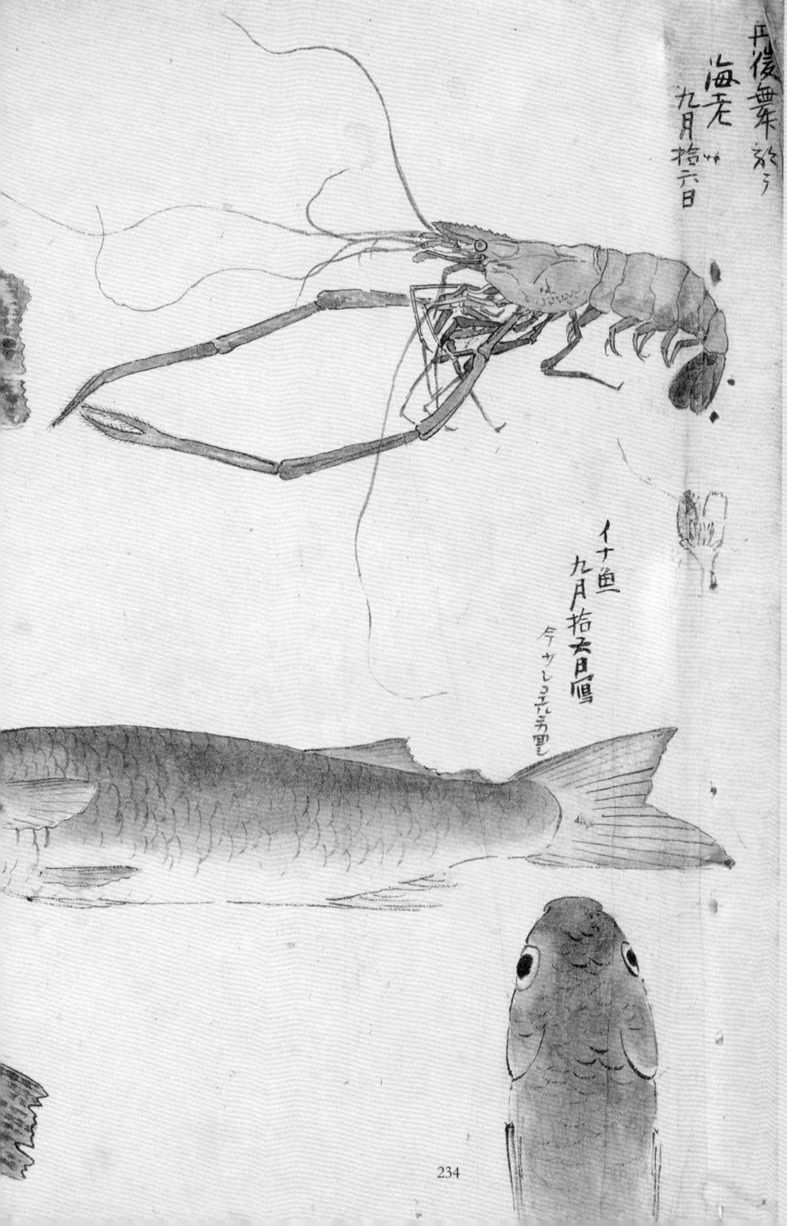
丹後舞鶴於テ
海老
九月拾六日
廿
イナ魚
九月拾五日写

俗名
タカゴ魚
九月拾七日寫生
俗名
メバチモ魚
九月拾七日
寫生

春ゟる
イサヾ
目ワチ金
腹銀ノ光リ
ヒレ腹
或ハ金光
五月廿日
鯰
目ワチ青沢
日
モロコ
全体青黒ノ体ニテ物モアリ
金色スクナク色モスクナシ
此魚ハ色ノ鮮ナル方ナリ
日
黄
ギギ
魚
刺
肉陸起大
腹
金色
刺
ヒ子肉子

背ヒレ
斑
腰ヨリ
尾ニ至ルマデ
青泥ノ光アリ
金泥ノ光アリ
尾
一叉ナリ
燕尾ニアラズ
腮下ニ
短鬚二根
アリ
方言
ヨシコツキ
泥鰌ニ似タ
鯉ニモ
似タリ

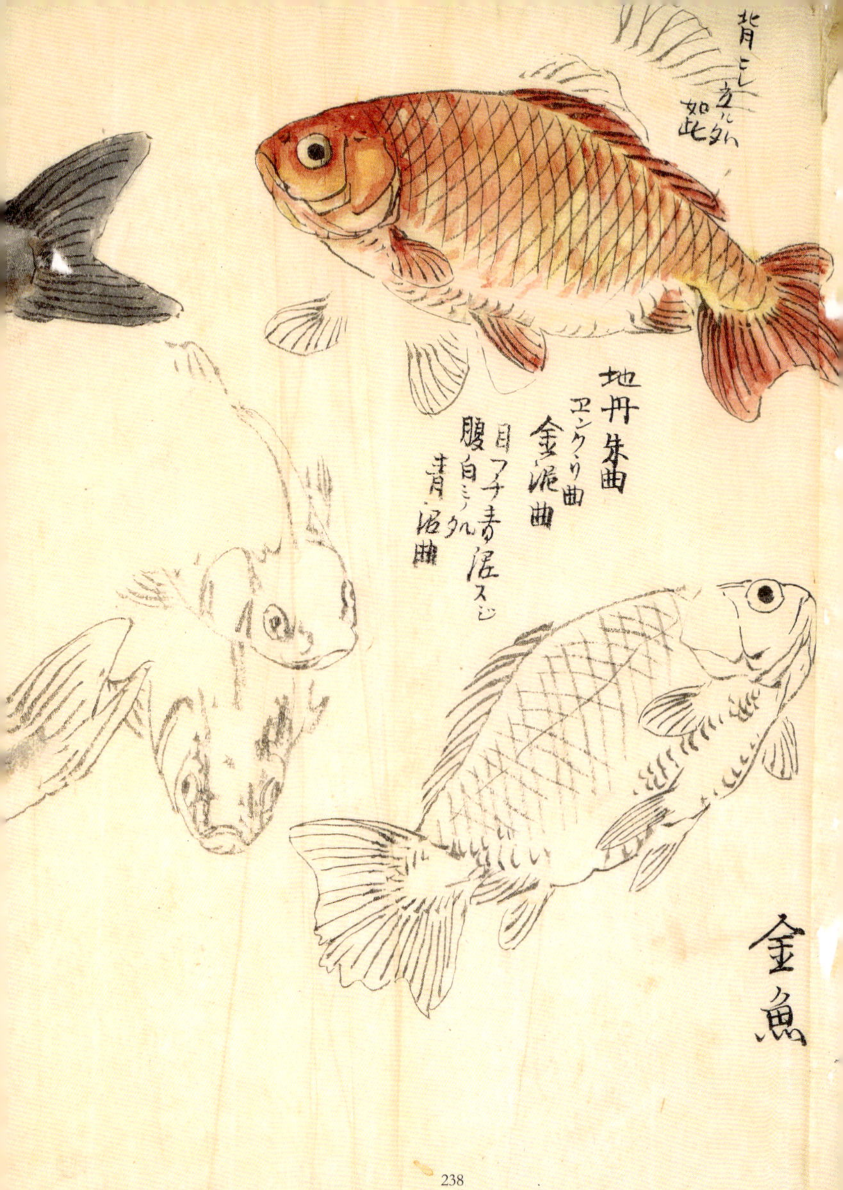
背ヒレ立ル外ハ
如此
地丹朱曲
エンクリ曲
金泥曲
目フチ青泥スジ
腹白ミノカル
青泥曲
金魚

頬ノ処
金ウスク
ハ子込
此アイズミノ処頭まり
青泥ノ光アリ
赤色ハ丹ニシテ
銅泥ノ光リ
黄ニモアリ

七十七歳老

かくして
山いはら けいと
久化賊

三代喜八について

五代田畑喜八

その生立ち

入起きして　やっこらせいと　文化財

七十七歳老　喜入作

これは私の祖父三代田畑喜八が重要無形文化財保持者(人間国宝)に指定された昭和三十年に詠んだ句で、この賛の下に得意の運筆で達磨の絵が描かれている。この短い句には、明治・大正・昭和と激動する時代を生き抜いてきた一人の染織工芸家の人生の苦楽と、その中から滲み出た次代への教訓・激励の情念が漲っている。

三代喜八は明治十年八月十六日、京都市上京区(現・中京区)の染屋に、父貴松(二代喜八)母ツヤの長男として生まれた。喜八という名前は代々田畑家を継ぐ者の名前で、三代喜八も幼名を貴之助といい、号は松雨《しょうう》、字を士秋《ししゅう》・照景《てるかげ》と称した。

二代喜八は大酒呑みでもあったが、非常に義侠心に富んだ人で、困っている人は身銭を切ってでも助けるという職人気質の持主で、仕事の腕は名人芸でも家の内は火の車という状態が続き、祖父が家督を継いだ時には銀行などに相当の借金があり、三代喜八はその借金の整理の為に青春時代を犠牲にし、その上自分の望みでもあった画家への志も棄てたのである。満十八歳で父の借金を引き継ぎ、四男五女の弟妹をかかえた苦労がどんなものであったか想像に絶するが、自分の苦労を人に話さない祖父は、以後「銀行は金を預けるところで、決して借りるところではない」という信念を持ち、それを実行していた。

明治二十五年、祖父は梅屋尋常小学校卒業後、京都府画学校に入学したが、前述の家庭の事情で、二年後の明治二十七年三月に中途退学せざるを得なかった。その時の先生が幸野楳嶺画伯で、退学後も画伯から直接日本画の薫陶をうけ、田畑家には代々染屋ではあるが最初から染の技術を学ぶのではなく、まず日本画の素養を身につけてからという家訓のようなものがあったのと、もともと祖父は絵が好きであったところから、楳嶺画伯亡き後は、兄弟子であった竹内栖鳳の門に移り、当時京都画壇を風靡していた四条派を学んだ。

以後染屋に専念してからも初心の画家としての志を忘れず、いつも矢立と紙を手離さず写生と模写を丹念に続け、その交友関係も画家が多く、川合玉堂・西村五雲・下村観山・岡田三郎助・西山翠嶂・上村松園・菊池契月・入江波光・金島桂華、小野竹喬・梶原緋佐子各先生などとは特に懇意にしていた。この『草花図』はそんな祖父の足跡の一部として発表するもので、最初は十六歳ぐらいに描いたものから(魚いろいろ参照)、晩年に至る約六十年間の勉強の集積から抜粋したものであり、はたして祖父は、あの世で面映ゆがっているかも知れない。

波に鶴模様振袖　大正末〜昭和初期

その心がまえ

祖父が三十代を過ぎる頃から社会情勢も第一次世界大戦後の好況を迎え、それを背景に仕事の波にも乗り、私の父四代喜八の言葉をかりれば「家の中に金の成る木があるのではないかと思った」時代がやって来る。もっともそれには末弟伊三郎（黄綬褒章授章・故人）の成長に伴い、自分は〝工〟に専念し、〝商〟は弟にまかせて、それはあたかも車の両輪の如く、うまく前へ進めたのであった。

当時祖父は京都染物同業組合の模様部長を務めたり、第三回内国勧業博覧会で入賞したり、第二次世界大戦中には染繍技術保存会の会長に任ぜられたり、その他いろいろの要職についたが、終始自分は染屋の職人であり、そのことを誇りとし、職人はあまり社会的な役職に就くべきでないというのが口癖であった。

一人の染屋として、又それゆえにより良き染織品を作り出すために、何事にも最高のものを目指して、自分の納得のいかないものが染上ると惜しげもなく鋏を入れたもので、これはなまじ不良品を置いておくと、染直しなどして再び使用するという甘えを自ら戒めると同時に、他への見せしめにもしていたものであろう。祖父は又庭の草木のうち、四季折々に花の咲くものを好まず、常盤木を愛し、泉水に養う魚もすべて赤・白・金など色のついたものを嫌い、底石と同色の鯉や鮒を入れて、一見魚が泳いでないように見えるという、洒脱というか、侘びの心境を大切にしていた。この気持は勿論染織品の制作にも通じ、ある草花を模様にするにも幾多の写生から始まり、最高の古美術品の鑑賞(これは多くは展覧会の鑑賞や書物によってではあるが)、配色のさまざまな工夫、模様を染めるにあたっての技法の研究等々、実際に染め下絵を描く前段階での準備に力を入れ、自分の持てる全精力を作品に投入し、しかもその事が、作品が完成された時には露骨に表現されていないという、いわば作者のほぼ理想郷に自分を置こうとしていたようである。
常日頃は質素にして無駄金はなるべく使わず、自分が必要と認めた時には、生活に於いても遊びに於いても最高のものに気前よく使う、これが祖父の生き方であった。
三代喜八を語る上で看過出来ないのは、染織品のコレクションであるが、その内容等については以前出版された『小袖』に譲るとして、祖父の生き方の一例としてそのコレクションの蒐集の仕方がある。勿論染の良きお手本として常に手元に置いておくことを心掛けていたが、ただ単に古いものとしてではなく、又単に高価であるという理由によってでもなく、配色の良いもの、技術的に優秀なもの、構図に見処があるもの、模様の優れているものなど、専門家の立場で、自分の目だけを信じ、自分が良いと思うものはどんな苦労をしてでも手に入れるという、いわば狂気に近い蒐集根性を持っていたといってても過言ではない。したがって一点一点がよく吟味されているわけで、それぞ

格天井四季草花模様振袖　昭和21年

れの染織品にそのものの見処というか急所ともいうべきところが存在する。これは自分の作品を制作する上でも常に心掛けていたことで、確かに物を見る目を持っていたと思う。

祖父のこうした心がまえが、私達美術工芸を志す者にとって一つの大きな示唆として生かされれば、本書の出版にも祖父の理解が得られると信ずる。

三代田畑喜八は、人間国宝となった翌年、昭和三十一年十二月、自宅で永眠した。その日の仕事を終えクリスマスイヴの食事を我々孫と一緒に過したその夜である。享年八十歳であった。戒名は生前自分で命名した徳山院染誉照景喜秋居士、京都市東山区の西昌寺に眠っている。

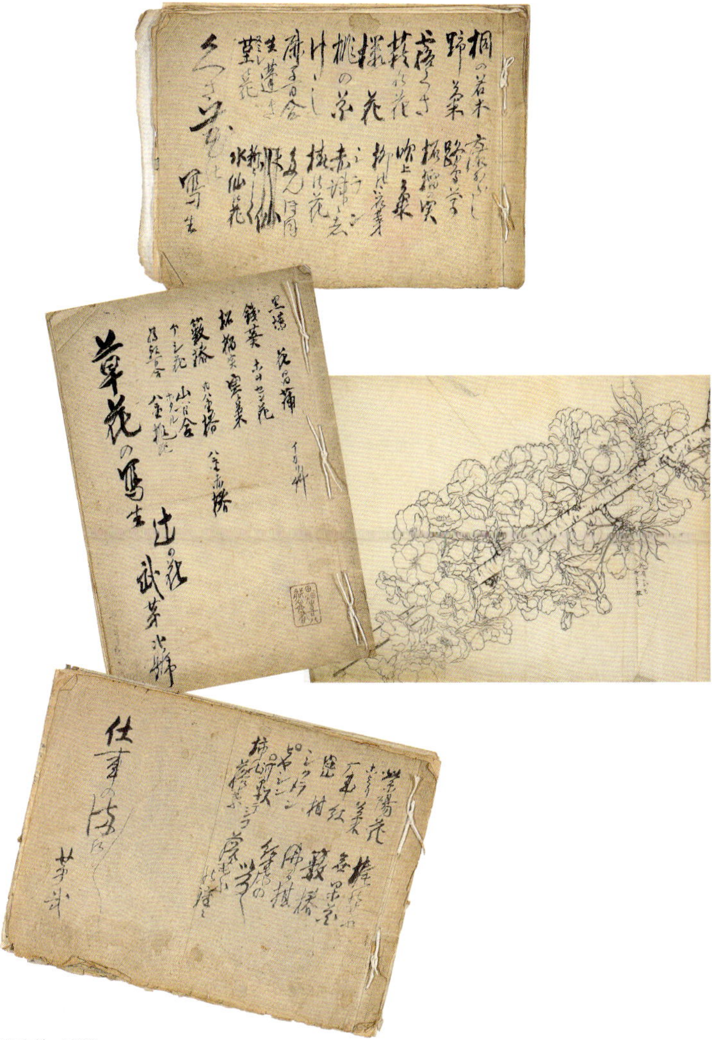

写生帖　表紙

田畑家・三代田畑喜八略年譜

〜江戸時代後期〜（文政年間）			初代喜八、日本画家を志し、滋賀より上洛。日本画を望月玉泉、鈴木百年に学ぶ。
文政八年	一八二五		初代喜八、現在の京都市中京区に小房屋の屋号で染色業を創業。主に、御所（公家関係）、二条城（武家階級）を中心とした奥方や姫君の御衣料をうけたまわる誂え染師として活躍。
天保八年	一八三七		二代喜八、京都に生まれる。後に日本画を鈴木松年に学ぶ。
万延元年	一八六〇		初代喜八没。
明治元年	一八六八		二代喜八、姓を田畑とする。田畑コレクションの基礎はこの頃から始まる。
明治十年	一八七七	〇歳	三代喜八、八月十六日、京都市中京区に父二代喜八、母ツヤの長男として生まれる。
明治二十二年	一八八九	十二歳	この頃、日本画家を志し、幸野楳嶺に師事。日本画を学び、二歳上の上村松園と同門になる。同時に、この頃、京都府画学校に就学した。

明治二十八年	一八九五	十八歳	幸野楳嶺が没し、楳嶺の高弟の竹内栖鳳の門下に入る。 この頃、父二代喜八から手描き友禅全般の加工工程技術を教わる。 「練究会」に参加して、日本画の研鑽を行う。
明治三十年	一八九五	二十歳	この頃から、小袖などの桃山・江戸時代の染織品の蒐集・研究を始める。
明治三十二年	一八九九	二十二歳	二代喜八が没す。家督を相続し、三代田畑喜八を襲名し、友禅の道に進む。
明治四十五年 大正　元　年	一九一二	三十五歳	この頃から、末弟の伊三郎と組み、伊三郎が商売を三代喜八がきもの制作を担い、数多くの受注・制作を行う。
大正十年	一九二一	四十四歳	知恩院山門畔の友禅斎謝恩碑建立に発起人として参加。
昭和三年	一九二八	五十一歳	昭和工芸協会が設立(工芸美術の研究発表)。その会員となる。
昭和十年	一九三五	五十八歳	この頃、欧米のモダンデザインの影響を受けた、斬新な作品を数多く制作した。

昭和十二年	一九三七	六十歳	この頃、田畑コレクションの充実に努める。
昭和十八年	一九四三	六十六歳	京染技術保存会結成に参加(統制に対する資材入手及び販売に関する調査研究、斡旋を行う)。
昭和二十年	一九四五	六十八歳	戦後、四代田畑喜八に家督を譲り、自身は友禅染の研究に専念する。
昭和二十八年	一九五三	七十六歳	三代田畑喜八と上野為二が無形文化財に選定される。日本工人社結成に参加、手描友禅の新人育成に尽力する。 この頃、湯川秀樹・スミ夫妻、花柳章太郎氏などの文化人と幅広く交流し、その衣装を多く制作した。
昭和二十九年	一九五四	七十七歳	「第一回無形文化財日本伝統工芸展」に出品。「鳳凰菊桐模様振袖」が現在の文化庁の買上げとなる。 この頃、友禅の伝統的技法である「堰出技法」などを用いた芸術性高い作品を主に制作する。
昭和三十年	一九五五	七十八歳	五月、重要無形文化財保持者として、上野為二、木村雨山、中村勝馬らとともに友禅染で初めての重要無形文化財保持者の認定を受ける。 中国・毛沢東主席に訪問着を進呈する。
昭和三十一年	一九五六	七十九歳	三代喜八、十二月二十五日永眠する。

三代田畑喜八［写真左］　四代田畑喜八［写真右］

配色する四代田畑喜八

本書は『人間国宝　三代田畑喜八　草花譜』(昭和五十三年　京都書院)を参考に編集しなおしたものである。「序」と「三代喜八について」は同書に掲載している文を一部訂正して掲載した。

参考文献
『小袖』(昭和三十八年　三一書房)
『日本の伝統文様・染織』(昭和四十年　三一書房)
『色と文様　辻が花編』(昭和四十四年　光村推古書院)
『色と文様　桃山・慶長編』(昭和四十五年　光村推古書院)
『色と文様　江戸上・下編』(昭和四十九年　光村推古書院)
『万華集成　小紋・中形』(昭和五十二年　京都書院)
『人間国宝　三代田畑喜八　草花譜』
(昭和五十三年　京都書院)
『伝統工芸三十年の歩み』(昭和五十八年　朝日新聞社)
『田畑本家沿革』(平成十年)
『京友禅の華　人間国宝　三代　田畑喜八の美』
(平成十三年　ＮＨＫきんきメディアプラン)
『京都府百年の年表』(京都府)

人間国宝　三代
田畑喜八の草花図

平成二十六年五月十二日　初版一刷　発行

編　著　五代 田畑喜八

発　行　浅野泰弘

発行所　光村推古書院株式会社
604-8257　京都市中京区堀川通三条下ル　橋浦町217-2
PHONE075-251-2888　FAX075-251-2881

印　刷　ニューカラー写真印刷株式会社

乱丁・落丁本はお取り替えいたします。

デザイン　辻恵里子(ニューカラー写真印刷)
進行　山本哲弘(ニューカラー写真印刷)
編集　合田有作(光村推古書院)

ISBN978-4-8381-0507-6